ロシア連邦《れんぽう》
ヤブロノーヴィ山脈《さんみゃく》
小興安嶺山脈《しょうこうあんれいさんみゃく》
大興安嶺山脈
東北平原《トンベイへいげん》
シホテアリニ山脈
ウランバートル
高原
陰山山脈《インシャンさんみゃく》
長白山脈《チャンバイさんみゃく》
朝鮮民主主義人民共和国《ちょうせんみんしゅしゅぎじんみんきょうわこく》
日本海
平壌《ピョンヤン》
北京《ペキン》
天津《ティエンジン》
黄河《ホワンホー》
ソウル
日本国
札幌
東京
名古屋
大阪
大韓民国《だいかんみんこく》
釜山《プサン》
福岡
原
華北平原《ホワベイへいげん》
黄海《ホワンハイ》
山脈
長江《チャンジャン》
上海《シャンハイ》
東シナ海
南嶺山脈《ナンリンさんみゃく》
台北《タイペイ》
(台湾《たいわん》)
高雄《カオシュン》
広州《グワンジョウ》
香港《ホンコン》
太平洋
南シナ海
0
600km
フィリピン

アジアの自然と文化①

米からみる東アジア

豊かな水が支えた暮らし

［日本・中国南部・朝鮮半島など］

クリスチャン・ダニエルス＝監修　渡部 武＝著

小峰書店

もくじ

1 東アジア南部の自然と米

2 米を育てる技術《ぎじゅつ》

3 米をめぐる暮《く》らし

4 祈《いの》りと願い

中国語の地名などの読みについては、なるべく現地《げんち》の読みに近いカタカナで表記しています。
著者《ちょしゃ》が撮影《さつえい》したもの以外の写真には、撮影地《さつえいち》の詳細《しょうさい》が不明なものもあります。そのばあいは国名だけを記しました。

1 東アジア南部の自然と米

夏にむし暑い地域《ちいき》

毎年、梅雨《つゆ》の時期には雨が多く、むし暑いですね。この梅雨《つゆ》、じつは日本だけにあるわけではありません。右下の衛星《えいせい》写真を見てください。帯のように横切っている雲が梅雨《ばいう》前線で、この雲の下はみな梅雨《つゆ》なのです。

いちばん上の地図と見くらべると、日本、韓国《かんこく》、そして中国の南部のほとんどが雲の下にあるのがわかるでしょう。この本で扱《あつか》う東アジア南部はまさに、梅雨《つゆ》がある地域《ちいき》なのです。

この一帯は、おもに温帯という気候に属《ぞく》しています。一年を通じて雨の量がわりあい多く、とくに夏は多量に降《ふ》ります。また、夏の気温は東南アジアの熱帯の国々なみに高くなります。四季のうつりかわりがはっきりしていて、さまざまな種類の植物が繁茂《はんも》しています。

ここに住む人々は、はるか昔からイネをおもに育て、米を中心とした暮《く》らしをいとなんできました。さまざまな穀物《こくもつ》の中でも、イネはとりわけ食糧《しょくりょう》を確実《かくじつ》に得られる、きわめてすぐれた作物だったのです。

まずは、イネがこの地域《ちいき》の自然環境《かんきょう》にむいている理由からさぐってみましょう。

［東アジア南部の地形］

［東アジア南部の気候帯］

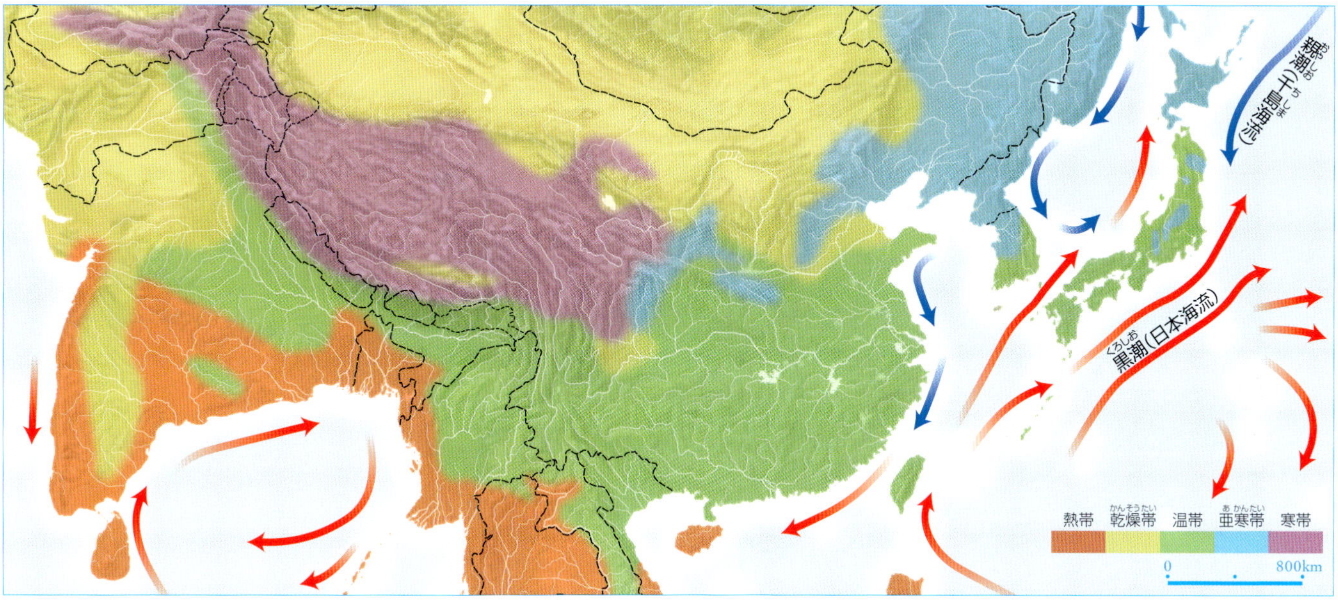

上・中―日本と韓国は国土の多くを山地が占《し》め、
海沿《ぞ》いに平地が広がっている。
中国南部にはアジア最長の川・長江《チャンジャン》（揚子江）が流れ、
その中流から下流にかけて広大な平原が開けている。
夏場に海から大陸へとむかって吹《ふ》く季節風（モンスーン）が、
黒潮《くろしお》（日本海流）の上を通りぬけるときに水蒸気《すいじょうき》を大量に取りこむため、
陸地の湿度《しつど》が高くなる。
右―梅雨《つゆ》の時期の衛星《えいせい》写真（2011年6月15日）。
右上から左の中ほどにかけて、日本、韓国、そして中国南部を
横切っているのが梅雨《ばいう》前線だ。梅雨《つゆ》は季節風（モンスーン）によって、
この地域《ちいき》の上空に、高温で湿度《しつど》の高い空気の流れが
できることからおこる。
左ページ―梅雨《つゆ》の晴れ間の水田（長野県安曇《あづみ》野市）。周囲の山々の雪も
解《と》けかかり、田植えはすでに終わっている。
イネはこの時期から夏にかけて急速に生長する。

［梅雨《ばいう》前線の衛星《えいせい》写真］

稲作《いなさく》に重要な水と暑さ

上—イネの花。イネは一日の日照時間が短くなってくると花を咲《さ》かせる。
どのくらい短くなれば咲《さ》くのかは品種によってさまざまで、
その地域《ちいき》の日照時間に合った品種が各地で栽培《さいばい》されてきた。
　花が咲《さ》いた後、子房《しぼう》とよばれる部分が生長してふくらみ、
これが米の粒《つぶ》になる。花はふくいくたる香《かお》りをただよわせる。

東アジア南部に共通するのは、梅雨《つゆ》があり、夏が熱帯なみに暑いことですね。じつはこれが、イネの栽培《さいばい》に都合が良いのです。

もともとイネは川や沼《ぬま》などの水辺に育つ植物です。そのため、イネを育てるには大量の水が必要になります。年間1200ミリメートル以上の雨が降《ふ》る地域《ちいき》でなければ、栽培《さいばい》は難《むずか》しいとされています。ですから、梅《つ》雨《ゆ》はまさに恵《めぐ》みの雨なのです。

暑さもイネが育つのに欠かせない条件《じょうけん》です。一般的《いっぱんてき》なイネであれば、花が咲《さ》いてからみのるまで、およそ２カ月半の間の平均《へいきん》気温が23度を上回らないと、よく育たないといわれます。逆《ぎゃく》にいうと、どんなに冬が寒くても、夏がこれだけ暑ければ、イネは育つことができるのです。

自然条件《じょうけん》のほかに忘《わす》れてはならないのが、イネは大変すぐれた作物であることです。食べておいしいのはもちろん、ひと粒《つぶ》の種もみからおよそ2000粒《つぶ》も収穫《しゅうかく》でき、同じ水田で何年つくり続けても生育が悪くなりません。このような作物だからこそ、人々は苦労して水田や水路をひらき、その土地の自然条件《じょうけん》に合うように品種を改良して、イネをつくり続けてきたのです。

左—およそ1500年前の水田跡《あと》
(群馬県高崎《たかさき》市の上滝榎町北遺跡《かみたきえのきまちきたいせき》)。
群馬・長野県境《けんざかい》にある浅間山《あさまやま》の爆発《ばくはつ》に
よって、火山灰《かざんばい》に埋《う》もれていたのが掘《は》り起
こされた。畳《たたみ》半分くらいの
大きさに区切られているが、
なぜ、ここまで細かく区切られていたのかはよく分かっていない。
　遺跡《いせき》は現代《げんだい》の水田と重なり合っており、この土地が米づくりに
使い続けられてきたことがよくわかる。
作物は同じ土地で繰《く》り返しつくり続けると、土の中の栄養分が
足りなくなるなどして、しだいによく育たなくなる(連作障害《れんさくしょうがい》)。
しかし水田では、絶《た》えず入ってくる新しい水が栄養分を運んでくるなどの
理由から、連作障害《れんさくしょうがい》が起こらない。この水田跡《あと》には、いまの水田との形のちがいなどがよくわかるよう、試験的に水を入れている。

イネを育てるには夏の時期に大量の水が必要だ。7月の世界の降水量《こうすいりょう》と、
おもな米の産地とを見くらべてみよう。

［全世界の7月の降水量《こうすいりょう》］

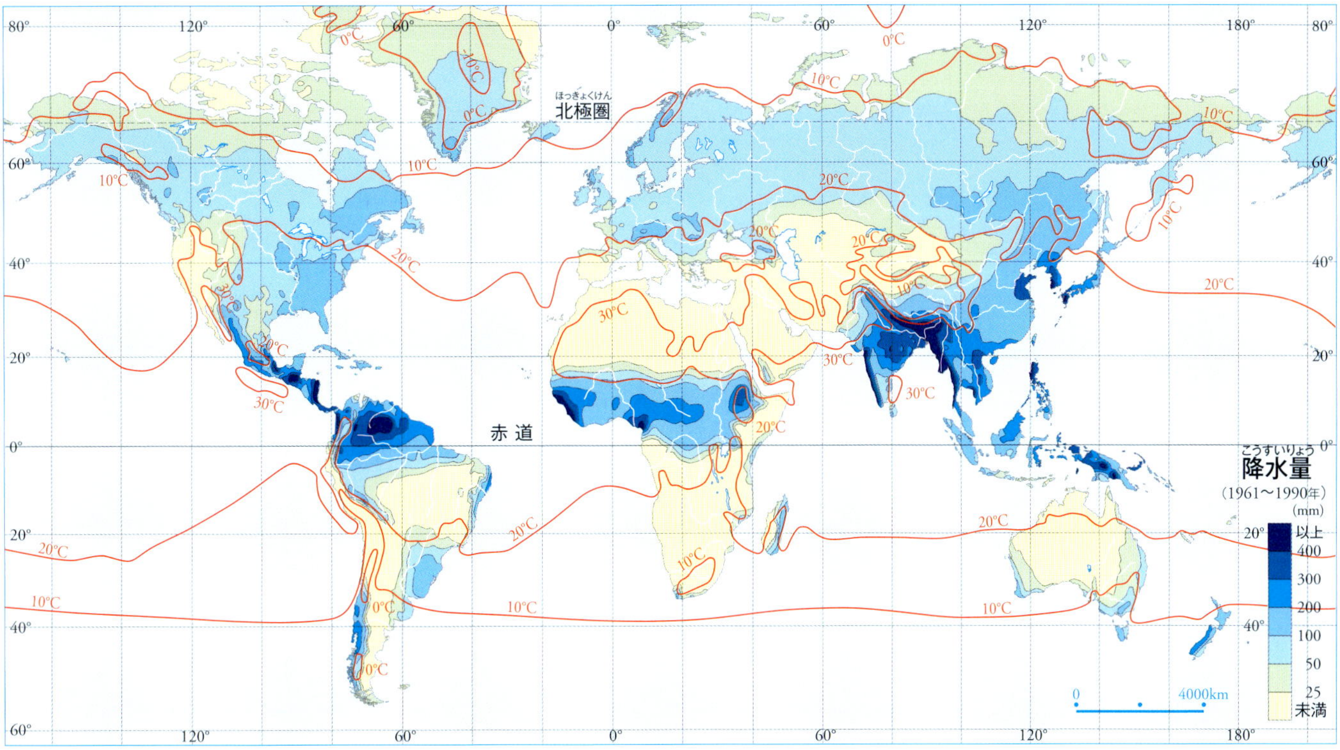

［全世界のおもな米の産地］

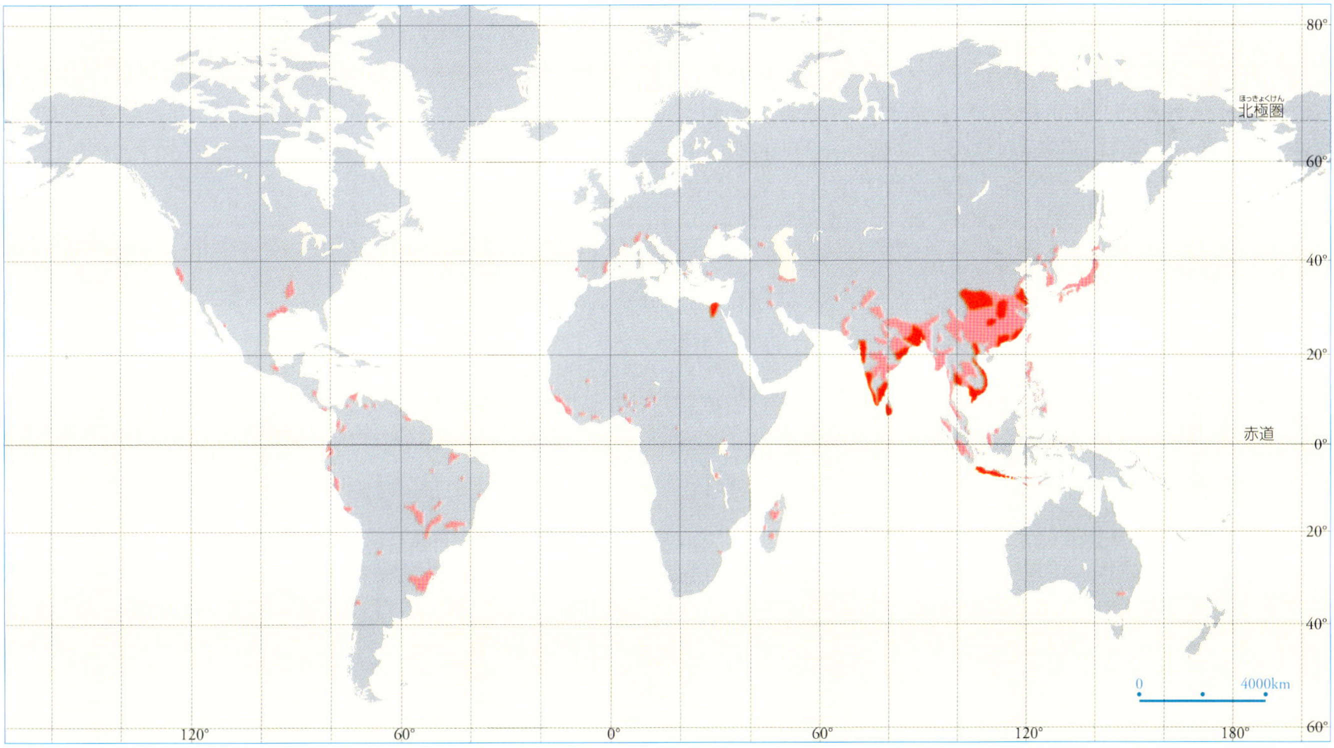

稲《いな》作《さく》はどこから？

［イネの来た道］

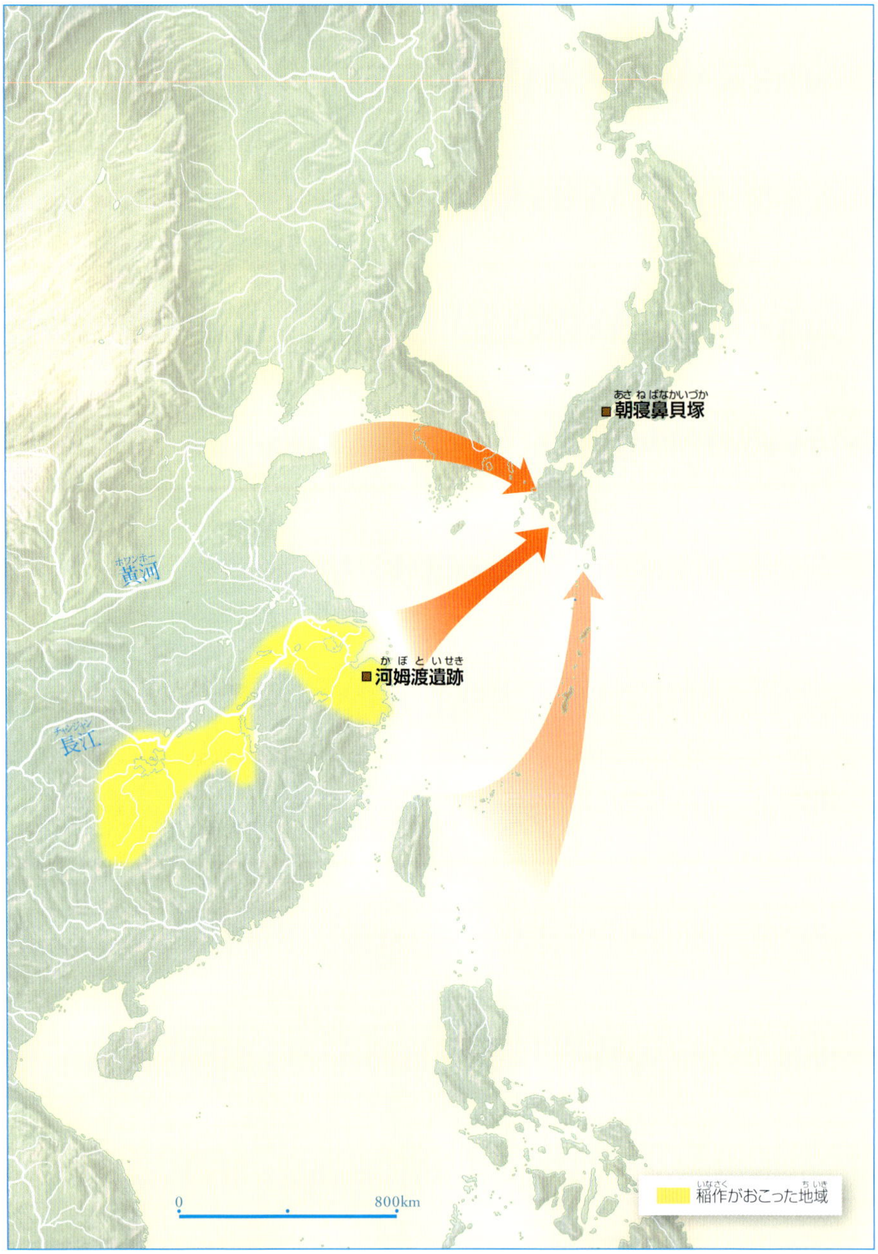

稲作《いなさく》の始まりと日本列島への道。稲作《いなさく》は中国の長江《チャンジャン》の中・下流域《かりゅういき》で1万年～7000年前に始まり、そこから朝鮮半島を通って＊、あるいは直接《ちょくせつ》、日本に伝わったと考えられている。東南アジアのほうから海を渡《わた》って伝わったとする説もある（14ページも見よう）。
（佐藤洋一郎《さとうよういちろう》・総合地球環境学研究所教授《そうごうちきゅうかんきょうがくけんきゅうじょきょうじゅ》のご研究などをもとに作成）
＊朝鮮半島を経由《けいゆ》するルートについては、今後の研究で多少、変わる可能性《かのうせい》がある。

では、稲作《いなさく》は歴史のなかでどのように始まり、そして日本に伝わったのでしょう？

現在《げんざい》のところ、イネは１万年～7000年前に中国の長江《チャンジャン》の中流から下流で栽培《さいばい》が始まり、そこから朝鮮半島や日本へと伝わったとみられます。

イネの細胞《さいぼう》中の成分や遺伝子《いでんし》を分析《ぶんせき》した最新の研究によると、日本にはまず、縄文《じょうもん》時代に熱帯ジャポニカという品種が伝わったとみられます。岡山県の朝寝鼻貝塚《あさねばなかいづか》からは、およそ6400年前のイネの細胞《さいぼう》の成分が検出《けんしゅつ》されました。ただし当時は水田ではなく、草木を焼きはらってひらいた平地で栽培《さいばい》されていたと考えられています。

そして弥生《やよい》時代に、現在《げんざい》ふつうに食べられる温帯ジャポニカという品種が、水田とともに伝わったとみられます。熱帯ジャポニカも引き続き栽培《さいばい》されていましたが、日本の自然環境《かんきょう》の中では温帯ジャポニカよりもとれる米の量が少なく、そのほとんどが姿《すがた》を消してゆきました。

イネは同じ土地でつくり続けることができ、とれた米は長期間、保存《ほぞん》することができます。人々はイネを栽培《さいばい》することで、同じ土地にとどまって暮《く》らすようになりました。

普通《ふつう》野生イネ

疣粒《ゆうりゅう》野生イネ

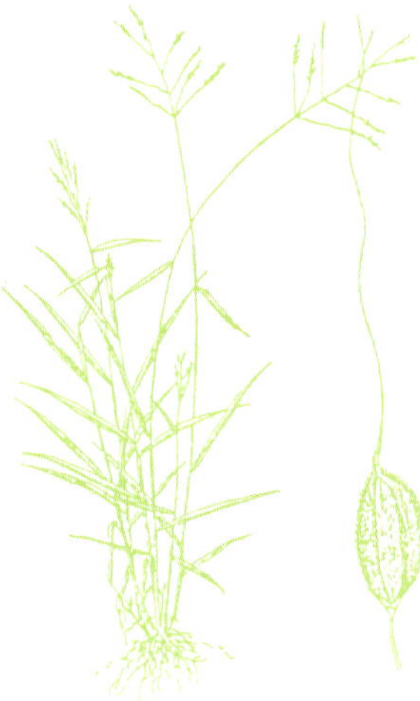

薬用野生イネ

上3点―いずれも中国の長江《チャンジャン》以南の華南《ホアナン》地方に自生している。
現代《げんだい》の栽培《さいばい》イネと違《ちが》い、みのるとすぐにもみが落ちてしまう。
また、もみはまばらに付き、中に実を結ばないものもある。

左―米の種類。左のインディカ種は世界で最も多く食べられており、
炊《た》いても粘《ねば》りが出ない。中が熱帯ジャポニカ種で、インドネシア、フィリピン、台湾《たいわん》、
中国などに分布《ぶんぷ》する。大粒《おおつぶ》で粘《ねば》りがあるのが特徴《とくちょう》だ。右の温帯ジャポニカ種は日本、
朝鮮半島、中国で最もふつうに食べられている。なお、熱帯ジャポニカはジャバニカ、
温帯ジャポニカはたんにジャポニカと呼《よ》ばれることもある。

下―もみが大きく、また数多くつくようになり、みのっても落ちなくなった。

現代《げんだい》の栽培《さいばい》イネ

上―日本に伝わったイネは品種改良や農法の改良が重ねられ、
いまでは、もともとイネにあまりむいていなかった
気候の土地でもよくみのるようになった。（新潟県新潟市）

右―「畔越《あぜこし》」という文字が書かれた平安《へいあん》時代初期の
木簡《もっかん》（山形県遊佐町《ゆざまち》の上高田遺跡《かみたかたいせき》から出土）。
種もみの包みにくくりつけられた
「付札《つけふだ》」と呼《よ》ばれるものだ。
この「畔越《あぜこし》」とはイネの品種で、
江戸《えど》時代初期の農書にもその名が見える。
大陸から伝わったイネが古代に品種改良され、
近世まで栽培《さいばい》されていたことがうかがえる。
現在《げんざい》では、ひとつの品種は5～10年で
新たに品種改良される。

最古《さいこ》の稲作《いなさく》

時代をさかのぼって、人類が稲作《いなさく》を始めたころのようすを、くわしくみてみましょう。

中国・浙江《ゾージャン》省の長江《チャンジャン》の下流域《かりゅういき》に、河姆渡遺跡《かぼと(ホームードゥ)いせき》という稲作遺跡《いなさくいせき》があります(8ページの地図を見よう)。1973年に発見され、およそ7000年前のものとみられる大量のイネのもみがらや農具などが出土しました。最古の稲作《いなさく》のようすがうかがえる代表的な遺跡《いせき》です。

下の絵をみてください。当時の河姆渡遺跡《かぼといせき》周辺のようすを想像《そうぞう》したものです。まだ水田はなく、あちこちに沼《ぬま》や池のある、いわば水びたしのような湿地《しっち》でイネを栽培《さいばい》していたとみられます。野生のイネのもみも出土しており、当時まさに、人々が野生のイネを栽培種《さいばいしゅ》のイネに改良しつつあったことをうかがわせます。

よくみのったイネの絵が刻《きざ》まれた土器も見つかっており、人々がイネを大切に思っていたことがみてとれます。

いっぽう、コイ、フナ、ライギョなどの淡水魚《たんすいぎょ》や、淡水《たんすい》と塩水が混《ま》じった水にすむボラ、ハゼなどの魚の骨《ほね》も出土しています。人々はイネが育つ水辺の環境《かんきょう》をうまく利用して、稲作《いなさく》と漁業などを組み合わせて暮《く》らしていたようです。

およそ7000年前の河姆渡遺跡《かぼといせき》周辺の想像図《そうぞうず》(画・真島直子《まじまなおこ》)。人々は湿地《しっち》の陸に近いところにイネを植え、育てていたと考えられている。水田はまだつくられていなかったようだ。また、肉を食べ、角などを道具に利用するため、水牛を飼育《しいく》していたとみられる。当時の地球は温暖期《おんだんき》で、平均《へいきん》気温がいまより3～4度高かったとみられ、このあたりには熱帯にすむワニがいたことがわかっている。

上―出土した当時の建物跡《あと》(復元《ふくげん》)。大量の柱が立ちならぶようすから、
人々は湿地《しっち》に柱を立てて、高床式《たかゆかしき》の住まいや倉を作って
暮《く》らしていたとみられる(26ページも見よう)。
遺跡《いせき》からはこのほか、動物の骨《ほね》でできた踏《ふ》みスキや鎌《かま》、
脱穀《だっこく》(24ページを見よう)に使われたとみられる杵《きね》、米を蒸《む》して
食べたとみられる土器、さらには笛やアクセサリーなど、
おびただしい遺物《いぶつ》が見つかっている。
下―「灰陶盆《かいとうぼん》」とよばれる土器。
神へのお供《そな》えを入れる容器《ようき》だったかもしれない。
世界最古のイネの絵が刻《きざ》みこまれている。当時の人々があるていど、
イネにたよった暮《く》らしを営《いとな》んでいたことがうかがえる。(佐藤洋一郎撮影《さとうよういちろうさつえい》)

【イネを表す古い漢字】

これは2500年以上も前の中国古代の青銅器《せいどうき》に見られる「稲《いね》」の文字です。稲《いね》の旧字体《きゅうじたい》は「稻」と書きます。①とよく似《に》ていませんか。左部分はみのったイネ、右部分は臼《うす》を用いて人の手で精米《せいまい》されているようすを表しています。②は左部分に精米《せいまい》された米があり、③ではそれがいちばん下にきています。そして上部に、たぶん脱穀《だっこく》に用いるカラサオのような農具が見られます。古い漢字からいろいろな情報《じょうほう》を読み取ることができますね。

古代中国の米づくり

写真の粘土《ねんど》細工のようなものは何でしょう？　これは水田模型《すいでんもけい》といって、中国の西南から南部にわたる地域《ちいき》の墓《はか》から出土したものです。2000～1700年前のものとみられ、牛にスキやマグワ（16ページも見よう）を引かせて田を耕《たがや》すやり方や、田のあぜの区切り方、ため池やそこにすむ魚など、さまざまなものが表現《ひょうげん》されています。

こうした模型《もけい》を残したのは、おもに中国北部の畑作地帯からこの地域《ちいき》に入ってきた人々や、その子孫です。当時の中国北部は農業の先進地でした。人口が多い割《わり》によい土地が少なかったため、わずかな土地から最大限のムギやアワを収穫《しゅうかく》する方法が発達していたのです。たとえば、スキやマグワを使った耕《たがや》し方や、水を畑に効率《こうりつ》よく回す灌漑《かんがい》の技術《ぎじゅつ》などです。水田模型《すいでんもけい》からは、こうした先進の農耕技術《のうこうぎじゅつ》を、かれらが水田づくりに応用《おうよう》していたのをみてとることができます。

新たに移《うつ》り住んだ土地で、異民族《いみんぞく》に囲まれながら、せまい土地を耕《たがや》していたかれらにとって、こうした先進技術《ぎじゅつ》は最大の武器《ぶき》であり、また誇《ほこ》りでもあったでしょう。水田模型《すいでんもけい》は、そんなかれらが残した文明のシンボルだといえます。

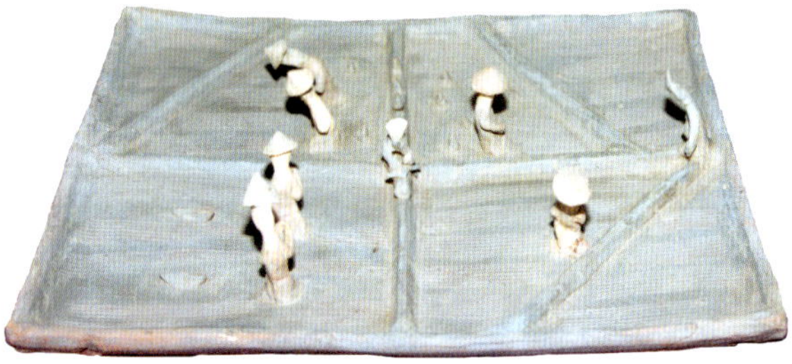

上2点―広東《グヮンドン》省で見つかった、およそ1800年前のもの。このあたりには稲作《いなさく》にむいた広い三角州《さんかくす》が発達している。踏みスキを用いて土をおこす人、イネの苗《なえ》をそろえる人、あぜにまたがって鎌《かま》をとぐ人などが表現《ひょうげん》されている。

いろいろな水田模型《すいでんもけい》

右―四川《スーチョワン》省で見つかった、およそ1800年前のもの。右上にタウナギのいるため池があり、左側には棚田《たなだ》が広がっている。同じような景観《けいかん》はいまでも中国の南西部にみられる。上の写真（重慶《チョンチン》市）と見くらべてみよう。

下—広東《グヮンドン》省で見つかった、
およそ1700年前のもの。牛にひかせた
スキとマグワ(16ページも見よう)で田の土を
掘《ほ》り起こし、くだいてかき混《ま》ぜている。
このやり方は、もともと中国北部の畑作地帯で
行われていたものだ。当時、あいつぐ動乱《どうらん》を
のがれて北部からやってきた人々が
もたらしたとみられる。この方法は現在《げんざい》でも
中国で行われている。上の写真(雲南省洱海)と
見くらべてみよう。スキで耕《たがや》している
かたわらにマグワが用意されている。

上—貴州《グイジョウ》省で見つかった、およそ1800年前のもの(複製)。
ハスやコイが配置されたため池と水田とが堤《つつみ》でしきられ、
その中央に水門がある。
中—四川《スーチョワン》省で見つかった、およそ1800年前のもの。
魚の泳ぐ水路によって、水田が大きくふたつに区切られている。
半円の田んぼは、どのように使われていたのか、
くわしいことはわかっていない。

上—1〜2世紀の四川《スーチョワン》地方では、墓《はか》をつくるのにばくだいな費用をかけた。
これは墓壁《ぼへき》に描《えが》かれた「画像石《がぞうせき》」と呼《よ》ばれる遺物《いぶつ》で、当時の豪族《ごうぞく》の荘園《しょうえん》を描《えが》いた
ものだ。死後の世界でも豊《ゆた》かな生活を送れるよう願ったのだろう。
上に描《えが》かれた2頭のヒツジはめでたさのシンボルとされる。

上—四川《スーチョワン》省で見つかった画像塼《がぞうせん》(画像が刻まれた
レンガ)。右半分にはため池でレンコンを掘《ほ》る人が、
左半分には水田の雑草《ざっそう》を足で踏《ふ》みこむ人が描《えが》かれ
ている。このような除草《じょそう》のやり方は「脚耘《きゃくうん》」といい、
現在《げんざい》でもみられる。下の写真は1950年代に
行われていた脚耘《きゃくうん》のようすだ。
(四川省涼山イ族自治州)

もうひとつのイネの道

赤米《あかまい》を知っていますか？　その名の通り、もみや玄《げん》米《まい》が赤い米です。短期間でみのり、収穫量《しゅうかくりょう》も多いのが特徴《とくちょう》で、おもに中国の南西部や東南アジアでさまざまな品種が栽培《さいばい》されています。

鹿児島県・種子島《たねがしま》の宝満《ほうまん》神社では毎年、赤米の田植え祭が行われ、豊作《ほうさく》を祈《いの》る舞《まい》が舞《ま》われます。この赤米は中世に伝えられたとされており、８ページで見た熱帯ジャポニカの中の「ブル」と呼《よ》ばれる品種であることがわかっています。

おもしろいのは、このブルが東南アジアのインドネシアなどで栽培《さいばい》されている品種であることです。そして、ブルの育つ田で行われる「踏《ふ》み耕《こう》(人や牛馬が足で田を踏《ふ》んで耕《たがや》す方法)」と、宝満《ほうまん》神社の舞《まい》の動きがとてもよく似《に》ているのです。

イネが日本に伝わったルートについては、中国や朝鮮半島以外にも、東南アジアからのルートが唱えられてきました。信頼性《しんらいせい》は十分とはいえませんが、このように東南アジアとの関係をうかがわせる儀礼《ぎれい》をみると、否定《ひてい》しきれないようにも思えます。

こうした赤米の栽《さい》培《ばい》には、赤い色は人間の生命力を強めると古くから信じられてきたことが背景《はいけい》にあるとも考えられます。

右上・中—赤米。その名の通りもみが赤い。
品種によって色の濃《こ》い薄《うす》いはさまざまで、
また、赤米のウルチ米(ふだんのご飯として食べる米)も
モチ米もある。
現在《げんざい》は日本の一部でしか栽培《さいばい》されていない。
産地のひとつである福岡県糸島《いとしま》市では毎年秋に、
赤米で田んぼに文字などを描《えが》く
「田んぼアート」(上の写真)がみられる。

左ページ・上—宝満《ほうまん》神社で行われるお田植えの舞《まい》。
歌に合わせて両手を動かし、
両足でかわりばんこに田を踏《ふ》む。
この動きが、インドネシアなどで行われている
「踏《ふ》み耕《こう》」に似《に》ているという。
踏《ふ》み耕《こう》は日本でも南西諸島《なんせいしょとう》から中国地方にかけて
みられたやり方だ。
左ページ・下—赤米の田のとなりにある森は神の森と
され、酒や食べ物が供《そな》えられる。(鹿児島県南種子町《みなみたねちょう》)

上—おめでたいときに食べる赤飯は、赤米のご飯の色を
アズキで代用したとも考えられている。
添《そ》えられているのはナンテンの葉で、「難《なん》を転ずる」という
願いがこめられている。

左—紫《むらさき》モチ米を売る少数民族・タイ族の
女性《じょせい》(中国・雲南省景洪)。
これも赤米の一種だ。
古くからの伝統的《でんとうてき》な品種で、
改良品種(ハイブリッド)と比《くら》べ、
とれる量が少ない。
そのため、政府《せいふ》は赤米でない最新の
品種を栽培《さいばい》するよう、
かれらに勧《すす》めている。

2 米を育てる技術《ぎじゅつ》

クワとスキ

水田でイネを育てるには、土の力を最大限《さいだいげん》に引き出すことがとても大事です。イネがよく根をはることができ、また土の中の微生物《びせいぶつ》が活発に動けるよう、粒《つぶ》の細かい、やわらかい泥《どろ》の状態《じょうたい》に保《たも》っておくことが必要なのです。

土づくりには、まずは人力による方法があります。クワを使って、水田の土を深く掘《ほ》り起こすのです。これによって、栄養分を含《ふく》んだ深い層《そう》の土を地表に出すいっぽうで、収穫《しゅうかく》した後のイネの株《かぶ》や雑草《ざっそう》を埋《う》めこんでくさらせることができます。さらに地表に出た土のかたまりをクワで細かくくだき、エブリという道具で平らにならした上で田植えをするのです。

この重労働を動物にやってもらうために生み出されたのがスキとマグワです。牛馬にひかせたスキで土を掘《ほ》り起こし、マグワでくだくことによって、人間の5～6倍の速さで耕《たがや》すことができるようになったのです。

現代《げんだい》のトラクターや耕《こう》うん機は、こうした人間や動物の力をエンジンの力におきかえたもので、基本《きほん》的《てき》な耕《たがや》し方自体は大きく変わっていません。

農具のいろいろ

タチグワ

ヒキグワ

キグワ
(フログワ)

サンボングワ

マグワ

クワもスキも、その土地の土質や地形、また育てている作物に合うように、各地でそれぞれ発達をとげた。写真のヒキグワは人がひいて使うスキといえる。マグワは田植え前に水を入れた田の中で、牛や馬にひかせて土を細かくくだき、かきまぜるのに使った。
(熊本県文化企画《きかく》課松橋収蔵庫《まつばせしゅうぞうこ》蔵)

代表的な鉄製《てつせい》の農具(中国・浙江省)。東アジアではまず中国で、2400～2300年前に鉄製《てつせい》の農具が開発され、そこから朝鮮半島、さらに古墳《こふん》時代の日本に伝わった。木製《もくせい》の農具が鉄製《てつせい》にかわることによって、農作業の効率が飛躍的《ひやくてき》に上がった。

板付遺跡《いたづけいせき》(福岡県福岡市)から出土した弥生《やよい》時代の農具。この時代の農具はまだ木で作られていた。

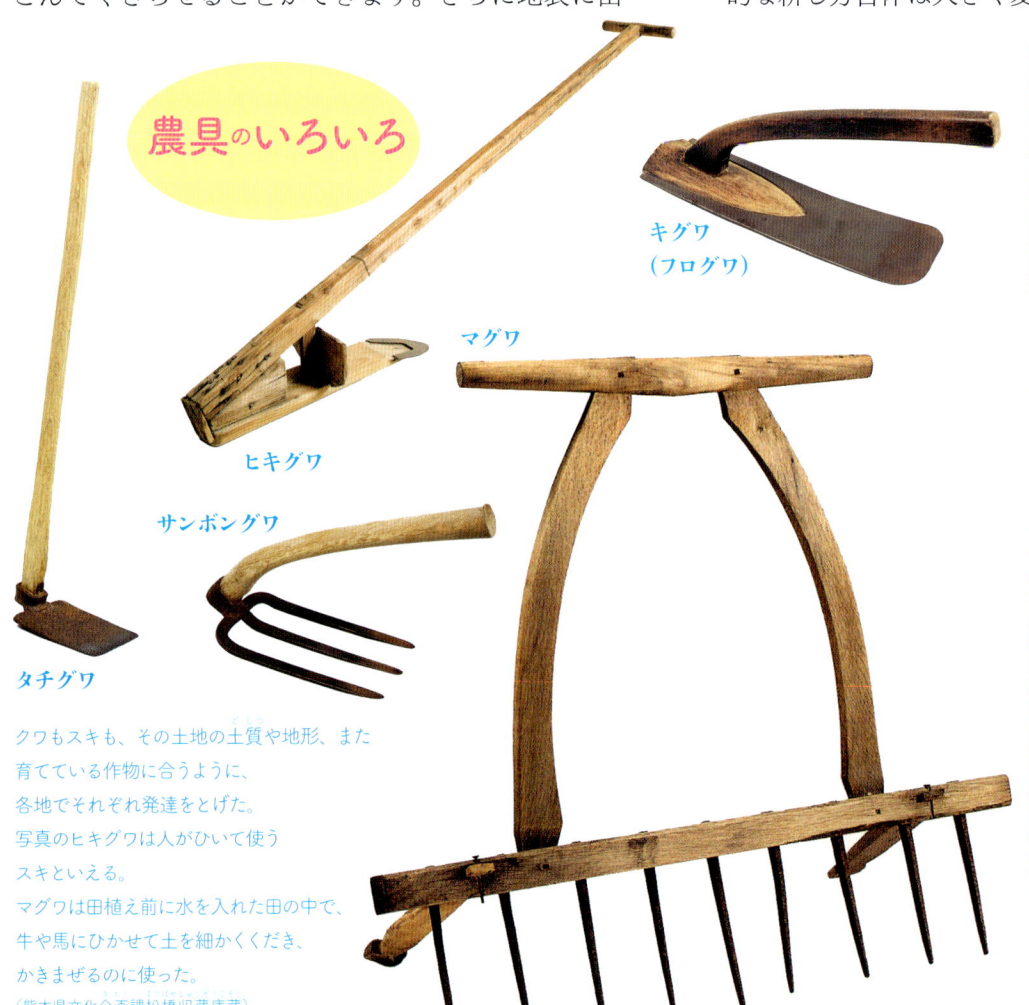

「四季農村風俗図屏風」と呼《よ》ばれる絵図。1887（明治20）年に、いまの千葉県にあたる地域《ちいき》の農村を描《えが》いたものだ。馬にマグワをひかせて代《しろ》かきをさせたり、クワで田畑を耕《たがや》したりしているようすが見える。クワはもっとも基本的《きほんてき》な農具で、田畑を掘《ほ》り起こしたり、雑草《ざっそう》を取りのぞいたりするなど、まさに人々の手足のように使われた。

牛にスキをひかせ、田の土を深く掘《ほ》り起こす。（中国・重慶市涪陵）

マグワを牛にひかせ、土をくだいてかき混《ま》ぜる。（中国・重慶市酉陽）

【耕織図《こうしょくず》】

「耕織図《こうしょくず》」は12世紀に中国で描《えが》かれ、その模写《もしゃ》が朝鮮半島や日本へも伝えられ流行しました。もともとはイネづくりと、カイコを飼《か》って絹糸《きぬいと》を取る作業が描《えが》かれていたのですが、わが国ではイネづくりの図が独立《どくりつ》して、屏風《びょうぶ》やふすまに描《えが》かれるようになりました。とくに江戸《えど》時代の村の名主《なぬし》たちは、競ってこの農業風俗《ふうぞく》画を家に備《そな》えました。絵にはお手本があって、どれも似《に》たりよったりなのですが、なかにはその土地の農作業や暮《く》らしぶりを正確《せいかく》に写したものもあります。そのような絵をよく見ると、いながらにしてイネづくりの方法がわかります。

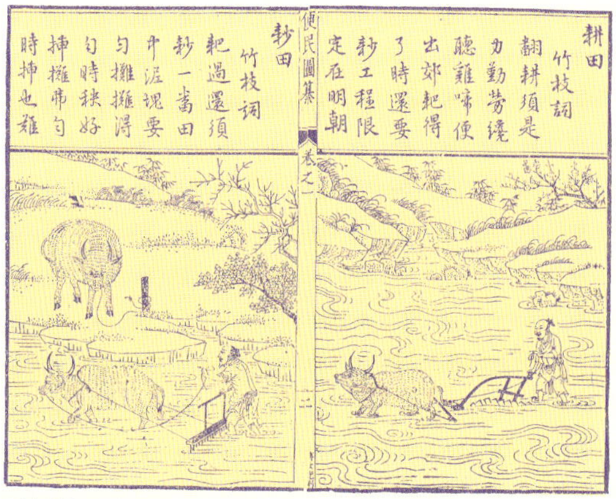

中国の耕織図《こうしょくず》。スキやマグワを使うようすが描《えが》かれている。

田に水を回す

1キログラムの米を収穫《しゅうかく》するには、およそ5トンもの水が必要だといわれます。田畑に水を回す灌漑《かんがい》は農業の生命線です。人々は常《つね》にこの問題に頭を悩《なや》ませ、くふうを重ねてきました。

人力で水をくみ上げる、流れの力を使って水車でくみ上げる、土地の高さの差を利用して上から順に水を回す……。その土地の水源《すいげん》や地形に合わせて、さまざまな方法が発達しました。

つごう良く水源《すいげん》が近くにあるとも限《かぎ》りません。また、その水が十分であるとも限《かぎ》りません。人々はそのために水路やため池をひらいてきたのです。

灌漑《かんがい》には「水は誰《だれ》のもの？」という問題も、必ずついて回ります。できるだけ不利な田畑が出ないように、水を行き渡《わた》らせなければなりません。水を得る権利《けんり》をめぐって、人々が納得《なっとく》のゆくまで話し合うことが欠かせませんでした。

ところで農業には、水路やため池をつくるなどして、自然条件《じょうけん》そのものを変える方法があります。いっぽうで、その土地のもともとの自然条件《じょうけん》に合った品種を育てる方法もあります。農業の発展《はってん》は、このふたつの方法が複雑《ふくざつ》に組み合わさることで進んできたのです。

左ページ—都江堰《ドゥジャンイェン》(中国・四川省)。水をコントロールするため、
2200年以上前に建設《けんせつ》された施設《しせつ》だ。
写真に見える岷江《ミンジャン》の流れがここで激《はげ》しくなることから、
下流の成都盆地《チョンドゥぼんち》の人々は毎年のように洪水《こうずい》に悩《なや》まされていた。
そこで堰《せき》を作って流れをふたつに分け、いっぽうを農業用水として使うようにした。
手前の流れから引いた用水は、成都盆地《チョンドゥぼんち》にはりめぐらされた水路に流れこみ、
田畑をうるおした。
これによって成都盆地《チョンドゥぼんち》は「天府之国《てんぷのくに》(肥沃《ひよく》で豊《ゆた》かな土地)」と呼《よ》ばれるほどになった。
都江堰《ドゥジャンイェン》はいまも使い続けられており、世界文化遺産《いさん》に登録されている。

上—龍勝《ロンション》のかけ流し式水田。山の斜面《しゃめん》に沿《そ》った田のすみずみにまで
水が行き渡《わた》るよう、一枚の田ごとに水口が切られ、だんだんに下の田に
水が回るようになっている。(中国・広西チワン族自治区)
下—水車(中国・広西チワン族自治区)。
流れを利用して回る水車に器を取りつけ、水をくみ上げる。
右—足踏《あしふ》み式の揚水具《ようすいぐ》。人が体重を利用して、両足で羽根の部分を
交互《こうご》に踏《ふ》んで回すことによって、川から水をくみ上げる(千葉県)。
60年ほど前まで、各地で広く使われていた。
右下—「抜車《バーチョ》」とよばれる手動式揚水具《ようすいぐ》(中国・広東省順徳)。
水をたくわえる仕切りがついたキャタピラーのような道具で、
手でハンドルを回して操作《そうさ》する。
仕切りに入った水が次々に水田に落としこまれる。

上—山に降《ふ》った雨や、山から湧《わ》き出た水は、
それだけに頼《たよ》って耕作《こうさく》する天水田《てんすいでん》や、ため池に
入り、その水はさらに下流域《かりゅういき》の田んぼをうるおす。
また大きな河川からは、取水堰《しゅすいせき》という
取り入れ口から水が用水や小川に流れ
それぞれの田んぼに水が引かれていく。
(画・真島直子《まじまなおこ》)

水田と漁業

　水田とその周辺は、米だけがとれる場所ではありません。古くから、田んぼや水路、湖や沼《ぬま》で魚をとったり、また養殖《ようしょく》したりすることがこの地域《ちいき》で広く行われてきました。

　そのひとつが、ウを使って魚をとる漁です。中国の南部ではいまもウ飼《か》い漁が行われています。さきにお話しした長江《チャンジャン》下流の河姆渡遺跡《かぼといせき》からは6000～7000年前のウの骨《ほね》が出土しました。また、1000年以上も前に、現在《げんざい》とほぼ変わらないウ飼《か》い漁がやはり長江《チャンジャン》の下流で行われていたことが、当時の文献《ぶんけん》からわかっています。こうしたことから、中国のウ飼《か》い漁は稲作《いなさく》と結びついて広まっていったと考えられます。

　ウ飼《か》い漁は日本でも、かつては各地で行われていました。7世紀～8世紀に編《あ》まれた『万葉集《まんようしゅう》』にも、そのようすがうたわれています。

　水田やため池で魚を養殖《ようしょく》することも長い伝統《でんとう》があります。また水鳥を水田で飼《か》うことも広くみられました。もともとは魚や水鳥を食べる目的で行われてきましたが、現在《げんざい》ではこれらの生き物の力を借りることで、水田への農薬をひかえる農法として、あらためて注目されています。

中国･雲南《ユンナン》省大理《ダーリー》の湖･洱海《アルハイ》のほとりの景観。この湖の北部は浅く、フナ、コイ、エビなどが多い。それらを各種の漁具や漁網《ぎょもう》をしかけて捕《つか》まえる。しかし近年、外来種の魚を放したため、漁獲量《ぎょかくりょう》が減《へ》っている。

上・中―養魚池(中国・雲南《ユンナン》省の西 双 版納タイ族自治州景洪)。少数民族・タイ族の間では近年になって、四 川《スーチョワン》 省の漢《かん》族(中国の人口の9割《わり》以上を占める民族)が入ってきて養魚技術《ぎじゅつ》が伝えられた。この養魚池はもともと水田だったもので、おもにソウギョやコイを養殖《ようしょく》している。また、アフリカ原産のテラピアも導入《どうにゅう》された。中国のため池では、コイやハクレン、ソウギョといったコイ科の魚が養殖《ようしょく》され、市場に出荷される。中国では内陸での淡水産《たんすいさん》の食用魚の消費が海産魚を上回っている。

下―いろいろな漁具。これらを使って、フナやタウナギなどをとる(中国・雲南省徳宏タイ族チンポー族自治州)。いちばん手前に見えるのは魚伏籠《うおぶせかご》といって、これを魚のいそうなところにかぶせ、上から手を入れて魚をつかみ取る。東南アジアから日本の稲作《いなさく》地帯にかけて、同じような道具がみられる。

上―ウ飼《か》い漁(中国・雲南《ユンナン》省の洱海《アルハイ》)。ウは人が飼《か》いならすと、たくみに魚《さかな》を捕《と》らえる習性《しゅうせい》がある。日本では海岸にすむウミウを訓練し、手綱《たづな》をつけて操《あやつ》る「つなぎウ飼《か》い」が有名だが、中国ではおもに川にすむカワウを用い、手綱《たづな》をつけない「放ちウ飼《か》い」の方法で魚を捕《と》らえる。この洱海《アルハイ》のウは20メートルもの深さをもぐって、大きなコイを捕《つか》まえる。

中―ヒシの実をとる(中国・江 南地方)。ヒシは湖や沼《ぬま》に育つ水草で、デンプンを多く含む実をゆでたりして食べる。この絵はおよそ150年前にこの地を訪《おとず》れたイギリス人が描《えが》いたもので、当時のようすを伝える貴重《きちょう》な資料《しりょう》だ。

下―シジミを採《と》る(中国・江蘇省朱 家 角)。やはり稲作《いなさく》地帯に古くからみられる漁だ。稲作《いなさく》地帯を流れている河川および水路は、魚ばかりでなくシジミやタニシも多く、人々の大切な食料となる。長い柄《え》のついたジョレンという道具で、川底をさらいながら採《と》る。

左―アイガモ農法(鹿児島県鹿児島市)。水田に放したアイガモは雑草《ざっそう》や害虫を食べて育つ。アイガモの肉を利用するための伝統的《でんとうてき》な農法だが、最近では、なるべく農薬を使わずにイネを育てる農法としても見直されている。

下―水田でのフナの養殖《ようしょく》。水田でコイなどの魚を飼《か》う農法は、日本でも伝統的《でんとうてき》に行われてきた。とったフナは、つくだ煮《に》などに利用する。(長野県佐久市)

イネを刈《か》り取る

イネがみのると、いまは農業機械で根元から刈《か》り取りますが、古くは穂《ほ》だけを刈《か》り取る「穂刈《ほが》り（穂摘《ほづ》み）」という方法がおもでした。

品種改良される前の稲作《いなさく》では、タイプの違《ちが》うイネが混《ま》ざって栽培《さいばい》されていました。そのため人々は、田に植えたイネの中からみのっているものを選んで、刈《か》り取りやすい穂《ほ》の部分から収穫《しゅうかく》しました。

当時のイネはまた、みのると穂《ほ》からもみが落ちてしまう性質《せいしつ》ももっていました。これをひと粒《つぶ》もむだにしないためにも、イネをゆらさずにつみ取れる穂刈《ほが》りは有利だったのです。弥生《やよい》時代の遺跡《いせき》から出土する石包《いしぼう》丁《ちょう》は、この穂刈《ほが》りに使われていたと考えられています。

水田の管理技術《ぎじゅつ》や品種改良が進んで、イネはもみが穂《ほ》から落ちにくいものが選ばれるようにもなりました。それにともなって、収穫《しゅうかく》のしかたも、鎌《かま》でいっせいに根元から刈《か》り取る「根刈《ねが》り」に変わっていきました。

そして、茎《くき》の部分もいっしょに刈《か》ることで、わらを道具の材料などとして使えるようにもなったのです（36ページも見よう）。

石包丁《いしぼうちょう》と石鎌《いしがま》（佐賀県の吉野ヶ里《よしのがり》遺跡《いせき》より出土）。日本の稲作《いなさく》が始まったころの道具だ。
これらを使って、右ページ上の写真のようにイネの穂《ほ》だけを刈《か》り取っていたとみられる。
（吉野ヶ里《よしのがり》歴史公園）

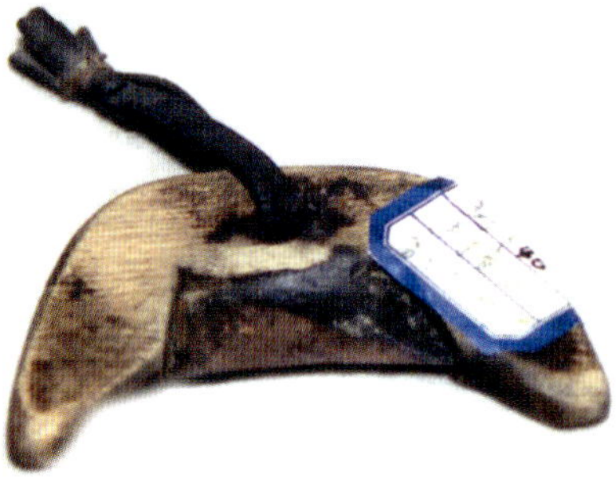

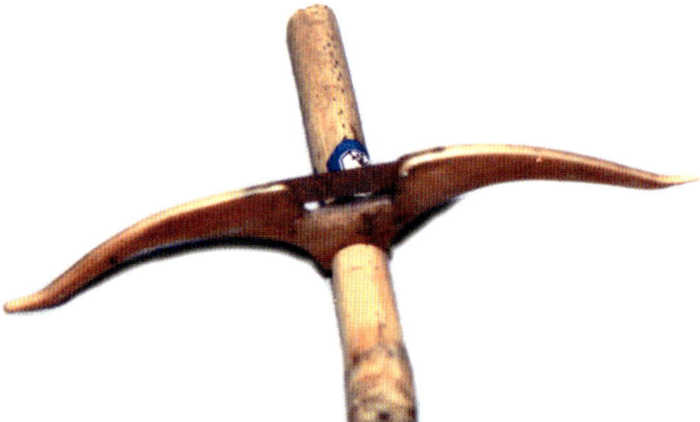

上―吉野ヶ里《よしのがり》歴史公園で穂刈《ほが》りを体験する。

左―中国南方の穂摘み具(北京の中国農業博物館蔵)。
中国の南部から西南部にかけて、いまでも穂刈《ほが》りを行っているところがある。
何種類ものイネが植わった田んぼで、みのったものから穂《ほ》を刈《か》っていく。
特定の品種が天災《てんさい》や病虫害などでだめになってしまったばあいに、
収穫《しゅうかく》がなくなってしまうことを防《ふせ》ぐ知恵《ちえ》だ。

下―のこぎり鎌《がま》(中国・四 川 省 汶 川)。根刈《ねが》りに用いるほか、
雑草《ざっそう》を刈《か》り取るのにも使う。都市の工場製品《せいひん》が出回り、
村の鍛冶屋《かじや》が造《つく》るよりもはるかに値段《ねだん》が安い。

干《ほ》して脱《だっ》穀《こく》する

収穫《しゅうかく》したばかりのもみは20～25パーセントの水分を含《ふく》んでいます。このままだとカビが生えたり、虫がわいたりするため、干《ほ》して水分を15パーセント程度《ていど》に減《へ》らさなければなりません。

写真のように、立てた棒《ぼう》にたばねたイネをかけるやり方など、イネの干《ほ》し方は地域《ちいき》によってさまざまです。大きく分けると、道具にかけて干《ほ》す方法と、地面に積んで干《ほ》す方法がありますが、いずれにせよ、お天気に気をつかって進める大変な作業です。また、わらを材料として利用するためには、茎《くき》の部分をできるだけ傷《きず》つけないように注意する必要もあります。

その後に、穂《ほ》からもみを取り外します。これを脱穀《だっこく》といいます。地域《ちいき》によって、また、もみの外れやすさによって、もみをたたき落とすシンプルなものから、足踏《あしぶ》みで動かす機械のようなものまで、さまざまな道具が発達しました。

脱穀《だっこく》したもみは再《ふたた》び乾燥《かんそう》させた後、もみがらを取りのぞいて貯蔵《ちょぞう》されます。この状態《じょうたい》が玄米《げんまい》です。ここからぬか(種の皮の部分など)と胚芽《はいが》(芽になる部分)をけずり落とすことで(精米《せいまい》)、わたしたちがふだん食べている白米になります。

上―かかし(神奈川県海老名《えびな》市)。けんめいに育て上げた米が鳥などに食べられてしまわないよう、農家の人々は注意をはらう。海老名《えびな》市では毎年9月中旬《ちゅうじゅん》にかかし祭りが行われ、収穫《しゅうかく》前の田んぼには趣向《しゅこう》をこらしたかかしが展示《てんじ》される。

右上―イネの天日干《ほ》し(神奈川県平塚市)。竹や鉄パイプを組んだ道具にイネをかけ、天日で1週間ほど乾燥《かんそう》させる。手間と時間がかかるため、いまは機械による乾燥《かんそう》がおもになっている。

右―稲村《いなむら》。イネを積んで乾燥《かんそう》させることをこう言う。左は岩手県、右のふたつが秋田県のもの。

(本山桂川《もとやまけいせん》『日本民俗図誌《みんぞくずし》』より)

上―イネを収穫《しゅうかく》し、乾燥《かんそう》させたら、その場で機械で脱穀《だっこく》する(神奈川県茅ヶ崎《ちがさき》市)。

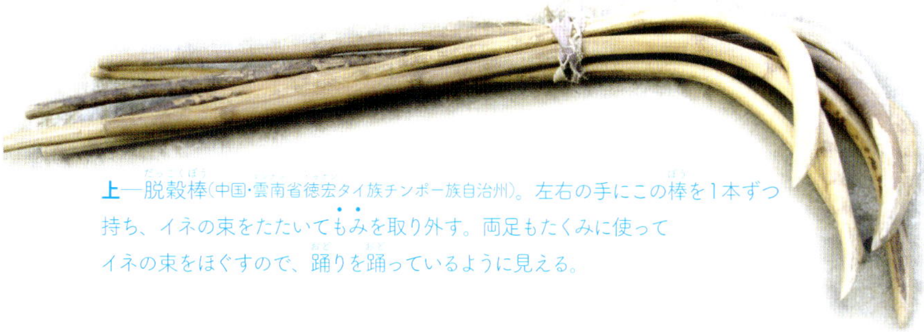

上—脱穀棒《だっこくぼう》(中国・雲南省徳宏タイ族チンポー族自治州)。左右の手にこの棒《ぼう》を1本ずつ持ち、イネの束をたたいてもみを取り外す。両足もたくみに使ってイネの束をほぐすので、踊《おど》りを踊《おど》っているように見える。

上—摜桶《グワントン》を使った脱穀《だっこく》(中国・江西省の鄱陽湖湖畔《はん》)。
桶《おけ》のような道具のふちにイネの束をたたきつけ、もみを取り外す。温暖《おんだん》なこの地域《ちいき》では年に2、3回、米を収穫《しゅうかく》できるため、干《ほ》したイネを別の場所に運ばずに、その場で脱穀《だっこく》できるこのような道具が発達したとみられる。
中—踏《ふ》み臼《うす》(中国・雲南省景洪)。これは少数民族・タイ族の踏《ふ》み臼《うす》で、高床式《たかゆかしき》(26ページを見よう)の家の床下《ゆかした》にある。その日に食べる分の玄米《げんまい》を精米《せいまい》したり、モチつきに用いたりする。日本では、中国から伝来したので唐臼《からうす》と呼《よ》んでいる。

右—脱穀《だっこく》の道具(中国・重慶市馬喇鎮)。
中国では礱といい、日本では土臼《どうす》という。
上と下とのギザギザの間にイネをはさんで回す。
もみを傷《きず》つけないよう、ギザギザの面は、歯となる堅《かた》い木を埋《う》めこんだ土でできている。
右下—風を使ってもみがらを取りのぞく道具(中国・江西省南昌)。中国では風車といい、日本では唐箕《とうみ》という。中に6～8枚の板羽根があり、それをハンドルで回転させて風を起こし、上から落下させた穀物《こくもつ》のもみがらやごみを除《のぞ》く。

左—精米《せいまい》のようす(18世紀の台湾《たいわん》の地方誌《ちほうし》より)。
ひと組の男女が交互《こうご》にたて杵《きね》を振《ふ》りおろし、臼《うす》の中の玄米《げんまい》をついて精米《せいまい》している。
アジアの南部地域《ちいき》はたて杵《きね》式の臼《うす》が多くみられる。
これに対して、現在《げんざい》の日本でモチつきに使う杵《きね》をよこ杵《きね》という。

下—イネの収穫図《しゅうかくず》(17世紀末に描《えが》かれた中国の『耕織図《こうしょくず》』より)。
みのったイネを、鎌《かま》を使って根刈《ねが》り(22ページを見よう)している。そのかたわらで子どもたちも遊びながら手伝っている。この絵は日本にも伝わり、江戸《えど》時代に「四季耕作図《しきこうさくず》」と呼《よ》ばれて大流行した(17ページも見よう)。

倉庫で保存《ほぞん》する

上―およそ2100年前の穀物倉《こくもつぐら》。
タカラガイという美しい貝の貝がらをおさめた青銅製《せいどうせい》の「貯貝器《ちょがいき》」に描《えが》かれている(中国・雲南省の石寨山古墓群より出土)。
この器は当時、雲南《ユンナン》地方を支配《しはい》した滇《ディエン》国王の権力《けんりょく》を示《しめ》すものであったと考えられる。

干《ほ》して脱穀《だっこく》した米は、必要なときに必要なだけ食べられるよう、倉庫で保存《ほぞん》しました。

さきにお話ししたように、稲作《いなさく》の歴史はイネの生育にむいた湿地《しっち》から始まりました。米の保存《ほぞん》に湿気《しっけ》は大敵《たいてき》です。これを防《ふせ》ぐために、人々は床《ゆか》を地面から離《はな》して高く作った高床倉庫《たかゆか》を生み出しました。高床《たかゆか》倉庫は床下《ゆかした》を風が吹《ふ》き抜《ぬ》けるので通気性《つうきせい》が良く、また、けものや虫が入り込《こ》むのを防《ふせ》げるメリットがありました。刀のつばのような「ねずみ返し」を柱に取りつけ、ネズミが倉庫まで登ってこられないようにもしています。

高床《たかゆか》倉庫や高床住宅《たかゆかじゅうたく》は東南アジアから日本にかけてみられます。右の写真を見てください。三重県の伊勢神宮《いせじんぐう》にある高床《たかゆか》倉庫と、中国の少数民族・ハニ族の高床《たかゆか》倉庫の形は、とてもよく似《に》ていますね。両方とも、屋根にさし渡《わた》した棟木《むなぎ》を支《ささ》えるために地面からのばす「棟持《むねも》ち柱」という構造《こうぞう》をもっているのです。大陸と日本とのつながりをめぐって、いろいろなことを考えさせられます。

なお、現在《げんざい》の最先端《さいせんたん》の倉庫は、中の温度や湿度《しつど》がコンピューターで最適《さいてき》な状態《じょうたい》に管理されています。

上―伊勢神宮《いせじんぐう》(三重県伊勢市)の御稲御倉《みしねのみくら》。
その名の通り、収穫《しゅうかく》した米を貯蔵《ちょぞう》する。
下―中国の少数民族・ハニ族の穀物倉《こくもつぐら》(雲南《ユンナン》省勐臘)。
地面から屋根のてっぺんまで達しているのが「棟持《むねも》ち柱」だ。

上—吉野ヶ里遺跡《よしのがりいせき》(佐賀県神埼《かんざき》市・吉野ヶ里町《よしのがりちょう》)に復元《ふくげん》された高床《たかゆか》倉庫や見張《みは》り台などの建物。吉野ヶ里遺跡《よしのがりいせき》は国内でもわりと大きな弥生《やよい》時代前期〜後期の遺跡《いせき》で、防衛《ぼうえい》のための外壕《そとぼり》や土塁《どるい》がめぐらされており、米づくりの技術《ぎじゅつ》を伝えられた人々が集団で定住していたムラが、より規模《きぼ》の大きなクニへと発展《はってん》していったことをうかがわせるものだ。

右—貯貝器《ちょがいき》に描《えが》かれた穀物倉《こくもつそう》(中国・雲南省の石寨山古墓群より出土)。同様の穀物倉は、その下の写真のように、いまもみられる。

右下—穀物倉《こくもつそう》(中国・雲南省景洪の少数民族・ハニ族の村)。竹で編《あ》んだ大きなカゴの形をしている。ネズミの害と湿気《しっけ》を防《ふせ》ぐために、表面は粘土《ねんど》で固めてある。現在ではイネのもみのほかにトウモロコシを貯蔵《ちょぞう》するのに用いている。

上—弥生《やよい》時代の倉庫にみられる「ねずみ返し(復元《ふくげん》)」。柱をつたって登ってきたネズミをよけるくふうだ。(神奈川県横浜《よこはま》市の大塚遺跡《おおつかいせき》)

右—中国の穀物倉《こくもつそう》(14世紀初めの『王禎農書』より)。入り口に数字の記された板がはめこまれ、収納《しゅうのう》した穀物《こくもつ》が多くなるにしたがい、この板を増《ふ》やしていく。それによって穀物《こくもつ》の量がわかるしくみになっている。このような倉を「京《けい》」と称《しょう》した。大きな倉という意味だ。左は同様の穀物倉《こくもつそう》だ(重慶市秀山)。

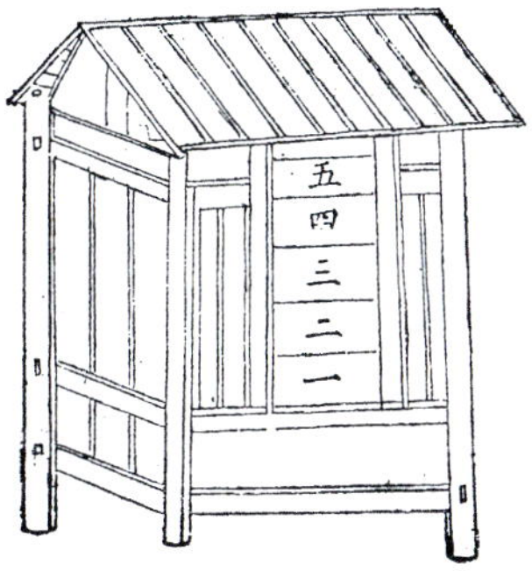

3 米をめぐる暮《く》らし

すぐれた栄養をもつ「主食」

米はそのおいしさはもちろん、米を食べてさえいれば、人間に必要な栄養素《えいようそ》のほとんどをまかなえる、すぐれた食糧《しょくりょう》として、この地域《ちいき》の人々の暮《く》らしを支《ささ》えてきました。

米は「主食」だと言われます。豊《ゆた》かになった現代《げんだい》では、おかずの種類も量も増《ふ》えましたが、もともとは米や、米に雑穀《ざっこく》などを混《ま》ぜて炊《た》いたものを、塩気のある少しのおかずで食べるというのが、この地域《ちいき》の代表的な食生活だったと言っていいでしょう。

いっぽう、ヨーロッパやアメリカの人々についても、パンを「主食」にしていると言われることがあります。しかし、欧米《おうべい》の食事の中心はおもに肉や魚で、パンが米と同じような役割《やくわり》を果たしているとは言えません。

食事の献立《こんだて》やマナーは、この地域《ちいき》の中でもいろいろです。大ぜいでテーブルを囲み、大皿のおかずをめいめいに取り分ける中国。キムチなど保存《ほぞん》がきくおかずの小皿が並《なら》び、あつあつの汁物《しるもの》といっしょに食べる朝鮮半島。めいめいの食器と箸《はし》が決まっていて、直箸《じかばし》をきらう日本。席順についてもそれぞれの習慣《しゅうかん》があります。

家族で食べる（長野県真田町《さなだまち》［いまの上田《うえだ》市］）。かつての日本では、このように畳《たたみ》の間に置かれたちゃぶ台を囲み、食事をするのがふつうだった。

上2点―祭りの日。大ぜいでテーブルを囲み、この日のための特別なごちそうを楽しむ。ここに写っているのは少数民族・モンゴル族だが、かれらの食生活は、中国の人口をほとんどを占《し》める漢《かん》族と同じようになっている。（中国・雲南省通海　大村次郷撮影）

右―家族で食卓《しょくたく》を囲む。まん中にキムチなどが並《なら》び、めいめいに配ぜんしたチゲという味噌汁《みそしる》といっしょに食べる。（韓国・全羅北道　大村次郷撮影）

【箸《はし》で食べる】

箸《はし》はアジアの各地で使われています。右の写真を見てください。いろいろな形のものがありますね。中国では、食卓《しょくたく》の中心に置かれたおかずを取り分けるためか、日本よりも長めの箸《はし》を使います。朝鮮半島ではチョッカラという金属製《きんぞくせい》の箸《はし》を、おもにおかずを食べるときに使います。ご飯や汁物《しるもの》は基本的《きほんてき》にスッカラというスプーンで食べます。

発見された最も古い箸《はし》は、およそ3400年前の中国の都の跡《あと》から出土したもので、青銅《せいどう》でできていました。箸《はし》は中国から朝鮮半島に伝わり、日本には600年ごろに伝わったと考えられています。

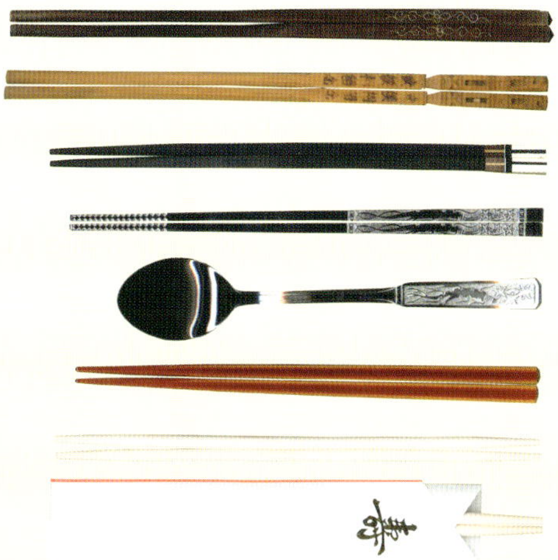

上から1～2番目―中国でふつうに使われている箸《はし》。3番目―中国の高級箸《こうきゅうばし》。いちばん上の部分が象牙《ぞうげ》でできている。4～5番目―朝鮮半島の箸《はし》「チョッカラ」とスプーン「スッカラ」。6番目―日本でふつうに使われている箸《はし》。7～8番目―日本で正月などめでたいときに使う「祝い箸《ばし》」。

さまざまなモチ

米から作る食べ物で、特別なときに食べるのがモチです。日本では古来、モチのもつ粘《ねば》りけが人間の生命力を強め、家族や仲間を結びつけると考えられてきました。そもそも、お正月にモチを食べるのは、新しい年を生き抜《ぬ》く力をつけるとともに、家族のきずなが強まるようにという願いがこめられているといわれます。作物がよくみのったことに感謝《かんしゃ》して、モチつきを行う地方もあります。

朝鮮半島でもモチはお祝いの席や、大事な行事の席に欠かせない食べ物です。ただし、モチ米から作る日本のモチとはちがい、おもにウルチ米(ふだんのご飯として食べる米)が使われます。米をいったん粉にして蒸《む》すなど、作り方も日本のモチとは異《こと》なります。特別なときだけでなく、おやつに食べたり、料理によく使われたりもします。

モチ米のモチは中国南部にもあり、やはり行事のときに食べられますが、その地域《ちいき》は限《かぎ》られています。1949年にいまの中華人民共和国《ちゅうかじんみんきょうわこく》が成立して以来、各地の伝統的《でんとうてき》な行事がとだえたりしたことが影響《えいきょう》しているとみられます。

力士によるモチつきのようす(東京都墨田《すみだ》区)

上—朝鮮半島のモチ(韓国·ソウル)。さまざまな色や形のものがある。行事の席に欠かせないもので、おやつとしてもよく食べられている。

左—鏡モチ。神が宿るとされる古代の神器·銅鏡《どうきょう》に似《に》せて作られたとされる。モチは、力餅《ちからもち》といわれるように生命の力の象徴《しょうちょう》とされてきた。

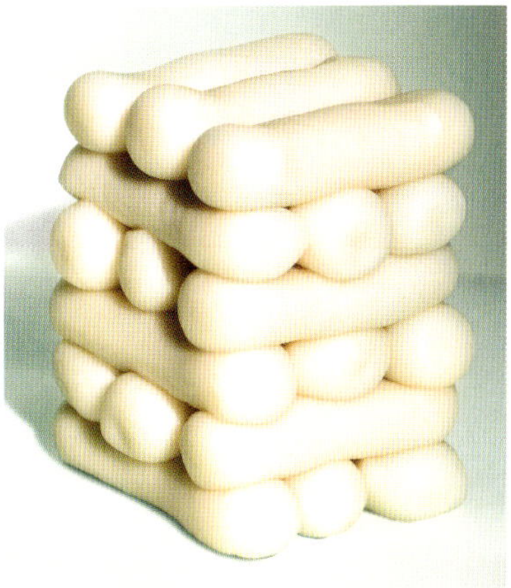

五代富貴と呼《よ》ばれるモチ(中国・浙江省寧波)。天地をおがみ、祖先《そせん》をまつる祭りのお供《そな》えに使われる。
その名の通り、5世代にわたって富《と》みさかえるようにという願いがこめられている。

野菜入りのスープとともに食べるモチ料理と焼きモチ。(いずれも中国・浙江省寧波)

上—モチ料理(中国・浙江省寧波)。寧波の周辺は昔からよいモチ米がとれることから、さまざまなモチ料理が有名だ。
下—モチを作る。中国のマッチ箱に描《えが》かれた100年ほど前の絵で、こねたモチを抜《ぬ》き型に押《お》しこんで形をつくる。

上左—ウルチ米を蒸《む》して練ったモチ。
中国・雲南省の喜洲鎮の名物だ。モチ米とかわらない粘《ねば》りがある。できたてをおやつに食べる。
上右・下—中国のちまき。モチ米を使って作る。ブタの脂身《あぶらみ》や松の実などを入れ、醤油《しょうゆ》で味つける。ふだんの食事に食べる。こうしたちまきは中国各地でみられる。(江蘇省朱家角)
右—「四季農村風俗図屏風」(17ページを見よう)に描《えが》かれたモチつきの図。

すしと酒

すしはもともと、魚の肉を保存《ほぞん》するために東南アジアの稲作民《いなさくみん》の間で生まれた調理の方法で、日本には稲《いな》作《さく》とともに伝わったとみられます。そもそもは漬《つ》け物のように、塩味をつけた魚をご飯といっしょに漬《つ》けて食べるものでした。これを「なれずし」と言い、おもに魚の部分を食べます。滋賀県の名物・フナずしは代表的ななれずしで、いちど漬《つ》けこむと何年ももちます。

時代とともに漬《つ》けこむ時間は短くなり、また魚とご飯とをいっしょに食べるようにもなりました。そして江戸《えど》時代になって、漬《つ》けこむことをせずに、その場でにぎって食べるすしが生まれました。これがいまのにぎりずしです。

なれずしは、微生物《びせいぶつ》のはたらきによって独特《どくとく》のにおいやうま味が生まれ、また長期間保存《ほぞん》できるようになったものです。このような作用を「発酵《はっこう》」といいます。右のページで紹介《しょうかい》する酒や納豆《なっとう》も、発酵《はっこう》を利用した食品です。

発酵《はっこう》をもたらす微生物《びせいぶつ》とは、じつはわたしたちがカビや菌《きん》と呼《よ》んでいるものです。微生物《びせいぶつ》の活動にむいた、この地域《ちいき》の温暖《おんだん》で湿《しめ》った気候が、さまざまな発酵《はっこう》食品を生み出したといえます。

すし

右―にぎりずし。江戸《えど》時代に大都市の江戸《えど》(いまの東京)で生まれた。いまでいうファストフードだ。ご飯にお酢《す》を入れるのは、発酵《はっこう》によって出てくるすっぱさのかわりだと考えられる。

下―フナずし(滋賀県)。塩《しお》漬《づ》けのフナを、炊《た》いたご飯などといっしょに漬《つ》けこむ。独特《どくとく》のにおいとうま味が特徴《とくちょう》だ。もともとのすしの姿《すがた》をとどめており、平安《へいあん》時代の文献《ぶんけん》にその名が見える。漢字では「鮓《すし》」と書き表された。

韓国ののり巻《ま》き・キムパフ。日本の巻《ま》きずしがもとになったと考えられている。ご飯に酢《す》は入れず、ゴマ油をぬったノリで、きざんだ野菜などを具にして巻《ま》く。日本の巻《ま》きずしよりも細めで、おやつや軽い食事として人気がある。(韓国・ソウル)

酒

右―マッコリ。米からつくる朝鮮半島のお酒で、少し酸味《さんみ》のある甘《あま》い味がする。（韓国）
下―日本酒づくり。こうじカビという菌《きん》の力をかりて、蒸《む》した米を発酵《はっこう》させてつくる。（京都府京都市）

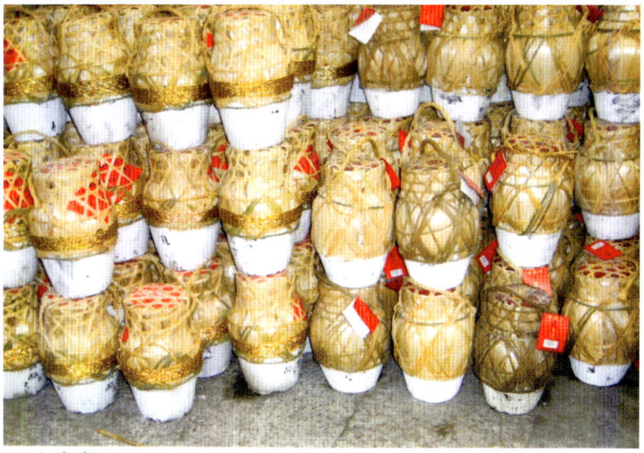

上―紹興酒《しょうこうしゅ》。日本でも人気のある中国のお酒だ。蒸《む》したモチ米を発酵《はっこう》させてつくる。長期間、熟成《じゅくせい》させたものほど高級だとされる。（中国・浙江省紹興）
下―およそ1800年前の酒づくりのようすを示《しめ》すかまど模型《もけい》。米などの穀物《こくもつ》をおかゆ状《じょう》にして、手前の大がめの中で発酵《はっこう》させる。かまどの上には、食事の煮炊《にた》きをする容器《ようき》がすえられている。このかまどの余熱《よねつ》がかめに伝わり、発酵《はっこう》が進んだと考えられる。（中国・広東省　広州市博物館蔵《ぞう》）

納豆《なっとう》

上―納豆《なっとう》づくり。ゆでたダイズを、イネのわらで作った「わらづと」に入れると、わらについている納豆菌《なっとうきん》によって発酵《はっこう》する。（茨城県水戸《みと》市）
下―チョングッチャンと呼《よ》ばれる朝鮮半島の味噌《みそ》。日本の納豆《なっとう》に似《に》ており、ゆでたダイズをイネのわらに包んで発酵《はっこう》させる。やはり独特《どくとく》のにおいがあり、汁物《しるもの》などに使われる。（韓国・ソウル）

米のお菓子《かし》いろいろ

最も身近な作物である米を使ったお菓子《かし》には、いろいろなものがあります。せんべいが米から作られるのはご存《ぞん》じですね。日本では平安《へいあん》時代の僧《そう》・空海《くうかい》が、当時の中国の都・長安《ちょうあん》から持ち帰ったことから広まったという言い伝えがありますが、米の粉を練って焼く食べ方自体は弥生《やよい》時代からあったと考えられています。

お茶の席などで出される落雁《らくがん》も、おもに米の粉から作られます。いったん蒸《む》して乾燥《かんそう》させた米の粉に、水あめや砂糖《さとう》を加えて押《お》し固めます。これも中国から伝えられたとも、室町《むろまち》時代に京都で生み出されたともいわれます。

五平餅《ごへいもち》は、炊《た》いた米をつぶして串《くし》に形をつくり、クルミやゴマなどをすりつぶしたたれを塗《ぬ》って焼き上げた中部地方の名物です。もともとは山の神に捧《ささ》げる食べ物であったといわれます。

米などの穀物《こくもつ》から作るおこしもまた、唐《とう》の時代に中国から日本に伝わったとみられます。中国各地では現《げん》在《ざい》も、干《ほ》した果物やナッツを入れたさまざまなおこしが作られています。朝鮮半島にも、おこしに似《に》たカンジョンというお菓子《かし》があり、先祖《せんぞ》へのお供《そな》えなどに用いられます。

上—カンジョン(韓国)。モチ米の粉を蒸《む》して油で揚《あ》げ、ハチミツや水あめを塗《ぬ》ったお菓子《かし》。結婚《けっこん》や出産などのお祝いの席でも出される。

右—韓国の伝統的《でんとうてき》なお菓子《かし》のことを韓菓《ハングァ》という。昔、王宮ではめでたいときやお祝い事に大きな韓菓《ハングァ》が作られた。米の粉や、モチ米などが主な材料であるが、木の実や果物、豆類なども混《ま》ぜて蒸《む》し、飴《あめ》で甘《あま》みをつける。

左上—台湾《たいわん》では赤い亀《かめ》の形をしたお菓子《かし》を、旧暦《きゅうれき》正月、誕生日《たんじょうび》祝い、出産のお祝いによく食べる。モチ米で形を作り、アズキのあんを入れる。亀《かめ》は長寿《ちょうじゅ》を代表するめでたい生き物として東アジアで信仰《しんこう》されてきた。

左中—ピーナツや干《ほ》した果物、ゴマなどを入れて、おこしを作る。(中国・浙江省)

左下—さまざまなモチ米のお菓子《かし》(中国・江蘇《ジャンスー》省朱家角)。蒸《む》したモチ米にアズキや干《は》した果物を加え、型に入れて固めて作る。

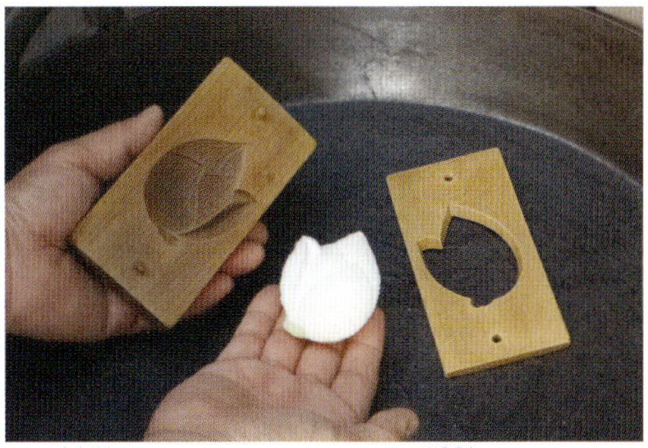

上—落雁《らくがん》(奈良県天理《てんり》市)。その名前は、室町《むろまち》時代に京都の職人《しょくにん》から献上《けんじょう》されたこのお菓子《かし》の形を、時の天皇《てんのう》が白雪にガンの舞《ま》いおりた風景に見立てたからとも、「軟落甘《なんらくかん》」という中国のお菓子《かし》からとったともいわれる。

下—紅白《こうはく》のちまき(愛知県名古屋《なごや》市)。米の粉と砂糖《さとう》を混《ま》ぜて蒸《む》した紅白《こうはく》の「ういろう」を、ねじり合わせて作ったちまきだ。めでたいときに食べられる。

上—五平餅《ごへいもち》(岐阜県中津川《なかつがわ》市)。長野県や岐阜県の山間部の名物だ。写真のようなダンゴの形のものや、だ円形のものがある。だ円形のものは、神道《しんとう》で神にささげる「御幣《ごへい》(たたんで切った紙などを木にはさんだもの)」をかたどっているとされ、「御幣餅《ごへいもち》」とも書く。

下—手焼きせんべい(東京都中野《なかの》区)。米の粉を蒸《む》してつき、平たくのばすなどして作る。焼き上がったばかりのせんべいは、とても香《こう》ばしい。せんべいにはこのほか、小麦粉で作るものもある。

わらの文化

米を脱穀《だっこく》した後のわらも、人々は大切に使いました。日本では、わらを「米のなる木」と言うほど大事にしました。衣類やはきもの、住まいや仕事の道具、そして神をまつる場でのしめ縄《なわ》など、わらはさまざまに用いられました。

ここに出てくる、わら製品《せいひん》のいろいろな写真を見てください。代表的なものを集めてみましたが、それでも多様なわら製品《せいひん》のうちのごく一部にすぎません。

わらがここまで広く用いられた最大の理由は、米の収穫《しゅうかく》のときの副産物《ふくさんぶつ》として大量にとれたことです。そして、特別な道具がなくても、手や足を使って編《あ》んだり、よったりするなどの加工ができます。そうしてできあがったわら製品《せいひん》は軽くしなやかで、また中に入れたものをクッションのように保護《ほご》したり、その温度を保《たも》ったりといった、すぐれた性質《せいしつ》をもっています。

22ページで見た「根刈《ねが》り」は、このようにすぐれた材料であるわらをむだなく利用するための収穫《しゅうかく》のしかただと言ってよいでしょう。また、わらを使うために、わざわざ茎《くき》の長いイネの品種を選んで育てたりもしました。

上―しめ縄《なわ》(神奈川県寒川町《さむかわまち》)。神が占《し》める清《きよ》らかな区域《くいき》を示《しめ》すために張《は》られ、また魔《ま》よけの意味もこめられている。
中―身体と手先を使ってわらじを編《あ》む。(中国・四川《スーチョワン》省珙県《ゴンシェン》)
下―わらを使ったいす作り(中国・雲南《ユンナン》省江川《ジャンチュアン》)。わら縄《なわ》をとぐろ状《じょう》に巻《ま》いて、人の体重を支《ささ》えられるよう、じょうぶに作る。この女性《じょせい》が座《すわ》っているのが完成品だ。

上—雪ぐつ(岩手県)。雪が降ったときの
はきものとして、かつては日本のほとんどの
地方で利用されていた。

上—朝鮮半島のわらじ(韓国・済州島)。
いまのサンダルのように、かかとが止まるように
なっている。日本だけでなく、この東アジアの地域《ちいき》で
わらじは広く作られ、用いられてきた。
中—わら製《せい》の保温具《ほおんぐ》(新潟県)。ご飯がさめないよう、
おひつをこれに入れておいた。大きなものには
赤ちゃんを入れ、寝《ね》かせておくのにも使った。
下—「簇《まぶし》」と呼《よ》ばれる養蚕《ようさん》の道具
(中国・浙江省の天目山付近)。カイコにまゆをつくらせる
ための寝床《ねどこ》で、十分に育ったカイコをこれにのぼらせる。
これを「上簇《じょうぞく》」という。
日本にも同様のものがあった。

上—米俵《こめだわら》(新潟県)。俵《たわら》は米だけでなく、ダイズや塩、
木炭などを保存《ほぞん》したり、運んだりするのに
使われた。また、使い古した俵《たわら》は焼いて、
火鉢《ひばち》の灰《はい》にも用いられた。
右上—みの(茨城県常総《じょうそう》市　坂野家住宅《さかのけじゅうたく》)。衣服の上
に着て、雨や雪、日射《ひざ》しをさえぎるのに用いられた。
わらのほかにチガヤという植物なども
原材料に用いている。
右下—「着茣蓙《きござ》」と呼ばれる道具。
荷物を背負《せお》うときの荷物当てで、
荷物がないときにはおしゃれ着となった。
(本山桂川《もとやまけいせん》『日本民俗図誌《みんぞくずし》』より)
右—「しごも」と呼《よ》ばれる道具。
日よけのために身につけられた。
(本山桂川『日本民俗図誌』より)

米作地帯の住まい

米がもともと、川のほとりにできた湿地《しっち》や沼地《ぬまち》にむいた植物であることは、さきにお話ししました。こうした環境《かんきょう》のもとで米をつくり、暮《く》らしてゆくために、人々は住まいにさまざまなくふうをこらしました。

中国南部には、水郷《すいごう》と呼《よ》ばれる水のほとりの村々があります。1000年ほど前から、水田をひらき、人やものを船で運ぶため、網《あみ》の目のように水路がめぐらされました。こうした水のほとりの土地は「魚米之郷《ぎょべいのさと》」と呼《よ》ばれました。魚も米もふんだんにとれる豊《ゆた》かな土地の意味です。

そんな豊《ゆた》かさと背中《せなか》合わせに、水郷《すいごう》は川や沼地《ぬまち》のはんらんにもよくみまわれました。日本の水郷《すいごう》地帯で、愛知・岐阜・三重の3県にまたがる輪中《わじゅう》の家々では、敷地《しきち》の一部を高くして、「水屋《みずや》」と呼《よ》ばれる建物をつくり、水害に備《そな》えました。さらに水屋《みずや》の軒下《のきした》には、「上《あ》げ舟《ぶね》」という避難用《ひなんよう》の船をつるしておきました。

身近な材料を使うくふうもありました。中国では日干《ひぼ》しレンガを作るのに、粘土《ねんど》にイネのわらを混《ま》ぜたりします。日本や朝鮮半島のカヤぶき屋根には、ススキなどの草が使われています。

左―水郷《すいごう》の村のようす(中国・江蘇省朱家角)。
水路に沿《そ》って家々が立ち並《なら》ぶ。
かつてはウ飼《か》いの漁師の船もここを行き来した。
(20ページも見よう)

上―日干《ひぼ》しレンガでできた農家。
粘土《ねんど》にわらなどを混《ま》ぜることで、雨の多い地域《ちいき》でもより長持ちするレンガができる。
(中国・広西チワン族自治区揚坪)

上—伝統的《でんとうてき》なカヤぶき屋根の民家(大阪府豊中《とよなか》市　日本民家集落博物館)。
岐阜県の白川郷《しらかわごう》の民家を移築《いちく》したものだ。豪雪《ごうせつ》地帯のため、
屋根の角度がきつくなっている。

右—屋根のカヤのふきかえ(富山県南砺《なんと》市)。
数十年ごとにこうして大がかりにふきかえられる。
地域《ちいき》で管理していた「カヤ場」からカヤを刈《か》りとり、
「結《ゆい》」と呼ばれる村の人々の助け合い組織《そしき》によって行われる。
ふきあがった屋根は暑さ寒さをふせぎ、また室内の温度をよく保《たも》つ。

右下—朝鮮半島の伝統的《でんとうてき》なカヤぶき屋根の家(韓国・忠清南道)。
平屋が多いのは、台風から家を守ることや、あるいは屋根裏《やねうら》部屋で
カイコを飼《か》う習慣《しゅうかん》がなかったことによるのかもしれない。

上—水屋《みずや》と上《あ》げ舟《ふね》(復元《ふくげん》、岐阜県海津《かいづ》市・国営木曽三川公園)。
輪中《わじゅう》と呼《よ》ばれるこの地域《ちいき》は、木曽川《きそがわ》・長良川《ながらがわ》・揖斐川《いびがわ》の3つの川の流域《りゅういき》にあり、
毎年のように水害にみまわれた。水屋《みずや》には日常《にちじょう》生活に
必要な道具が備《そな》えられ、ふだんは倉庫として使っていた。
そのくふうは今日の災害対策《さいがいたいさく》にも学ぶ点が多い。

協力して暮《く》らす

農業はひとりではできません。作物は村の人々の協力によって収穫《しゅうかく》できます。また、農作業がひまになれば、思う存分《ぞんぶん》に体を休め、お互《たが》いに楽しんで翌年《よくとし》の農作業の活力の源《みなもと》としました。治安の悪い時代には、協力して村を守りました。

中国の少数民族・トン族は稲作《いなさく》や林業で暮《く》らしを立てています。建築《けんちく》の技術《ぎじゅつ》にすぐれていることでも知られる民族です。村の中心に建てられた「鼓楼《ころう》」には、その名の通り太鼓《たいこ》が置かれ、火事などのときに太鼓《たいこ》をたたいて村人たちに知らせます。ここでは村の問題が話し合われたり、村人たちがくつろいだりもします。

雨の多いこの地域《ちいき》では、橋を保護《ほご》するため、橋の上にかわらぶきの屋根を作ります。風雨橋《ふううきょう》と呼《よ》ばれるこの橋の中には腰《こし》かけが作られ、村人たちの休憩所《きゅうけいじょ》の役《やく》割《わり》を果たしています。

日本の四国の村々には、茶堂《ちゃどう》というカヤぶきの小屋が建てられています。農作業が一段落《いちだんらく》し、お盆《ぼん》が近づくと、村人たちが交代でここに詰《つ》め、通りかかった旅人や巡礼《じゅんれい》の人に、お茶やお菓子《かし》をふるまってもてなします。中には仏像《ぶつぞう》がまつられ、身近な信仰《しんこう》の場ともなってきました。

上—市場も大切な交流の場だ。この広場には、近くの村々から人々が野菜や農具、加工した肉などを持って集まり、売り買いをするとともに、情報交換《じょうほうこうかん》を楽しむ。広場のかたわらに建てられた舞台《ぶたい》(下の写真)では、祭りや結婚式《けっこんしき》のときに芝居《しばい》が演《えん》じられ、人々を楽しませる。(中国・雲南省喜洲鎮)

上右—風雨橋《ふううきょう》。橋を保護《ほご》するための屋根の下で、村人たちが集い、おしゃべりなどを楽しむ。下が川なので、橋の中はとても涼《すず》しい。(中国・広西《グワンシー》チワン族自治区)

右—鼓楼《ころう》。トン族の大工技術《ぎじゅつ》は、このようにみごとな木組み構造《こうぞう》の建物をつくり出した。この鼓楼《ころう》は、緊急《きんきゅう》のときや、時刻《じこく》を知らせる太鼓《たいこ》を置いておくための、また、村人たちが話し合いをするための建物だ。(中国・広西《グワンシー》チワン族自治区)

上―土楼《どろう》(中国・福建《フージェン》省)。「客家《ハッカ》」と呼《よ》ばれる人々の特徴的《とくちょうてき》な住まいだ。この人々は4世紀から19世紀にかけて、たび重なる戦乱《せんらん》をのがれ、中国南部のあまり豊《ゆた》かでない土地に移《うつ》り住んだ。
厚《あつ》い土壁《つちかべ》をめぐらせたこの土楼《どろう》に一族数百人が集まって暮《く》らし、盗賊《とうぞく》などの外敵《がいてき》から協力して身を守った。
左―茶堂《ちゃどう》とよばれるあずまや。お盆《ぼん》の時期に村人たちが交代で詰《つ》め、通りかかった旅人をもてなした。(高知県梼原町《ゆすはらちょう》)
右―「茅亭《モジャ》」と呼《よ》ばれる建物(韓国・全羅南道《チョルラナムド》)。村の中心部や村外れの、大きな木のかたわらに建てられ、ここに村人が集まって話し合ったり、農作業のひと時の休息の場としたりする。

4 祈《いの》りと願い

豊《ほう》作《さく》を祈《いの》る神事

作物を育てて収穫《しゅうかく》し、暮《く》らしを立てていくためには、天候や土地の条件《じょうけん》にめぐまれることが欠かせません。古来、人々は天候や土地の状態《じょうたい》に神の思いがはたらいていると信じ、無事に一年を過《す》ごせるよう神に祈《いの》りました。

まずは新年に、その年の作物のできぐあいを占《うらな》う神事が広く行われています。岩手県に伝わる「オタメシ」と呼《よ》ばれる占《うらな》いもそのひとつです。おかゆを炊《た》き、そのできあがった状態《じょうたい》をみて、豊作《ほうさく》になるかどうかを判《はん》断《だん》します。同じような占《うらな》いは各地にあり、水気の多いおかゆを水田になぞらえて、水田に水が不足しないようにという願いをこめて占《うらな》うのです。

農作業が始まる前に、田植えなどの作業のまねごとをする儀礼《ぎれい》も各地にあります。これは、演《え》じてみせるまねごとと同じように、その年のじっさいの農作業もうまく行くように神に祈《いの》るのだとも考えられています。

そして、いよいよ田植えです。近所の人々が総出《そうで》で歌を歌ったり、音楽を奏《かな》でたりしながら苗《なえ》を植えていきます。こうしてにぎやかに神をむかえ、あらためて豊作《ほうさく》を祈《いの》るのです。

左右―「開秧門《カイヤンメン》」とよばれる神事。中国の少数民族・ペー族が豊作《ほうさく》を願って田の神に祈《いの》りをささげ、おはやしとともに田植えを行う。
(中国・雲南省《ユンナン》 周城《ジョウチョン》)

上―虎踊《とらおど》り。正月に農作業の模倣《もほう》を神に捧《ささ》げ、豊作《ほうさく》を祈《いの》る。トラの衣装《いしょう》を身につけて舞《ま》う。この少数民族・イ族の間では、自分たちの先祖《せんぞ》がトラであると信じられている。
(中国・雲南省《ユンナン》 双柏《シュアンボー》)

上—田植えを演《えん》じる神事。いまでは伝統芸能《でんとうげいのう》として、競技場《きょうぎじょう》などで公開されている。(韓国・全 羅南道)
中—歌いながら、カラサオという道具を使った脱穀《だっこく》のようすを演《えん》じる神事。(韓国・慶 尚北道)

上—オタメシ。ひと束のわらで米を炊《た》き、鍋《なべ》の中に入れた竹筒《たけづつ》に米粒《こめつぶ》がいくつ入ったかで、その年の作物のできぐあいを占《うらな》う。(岩手県一関《いちのせき》市)
中—豊年祭《ほうねんさい》(沖縄県八重山《やえやま》市)。お盆《ぼん》のころ、その年の収穫《しゅうかく》に感謝《かんしゃ》し、翌年《よくとし》の豊作《ほうさく》を祈《いの》って、イネの束をかざした司《つかさ》(神に仕える女性《にょせい》)がゆったりと踊《おど》る。この写真は1963年8月に撮影《さつえい》された。
下—囃子田《はやしだ》。中国地方に伝わる田植え神事で、太鼓《たいこ》や笛を鳴らして、にぎやかに田の神を迎《むか》える。(広島県安芸高田《あきたかた》市)

神や先祖《せんぞ》へのお供《そな》え

人々は農作物が日々、無事に育ち、自分たちが平安に暮《く》らしてゆけることを神や先祖《せんぞ》のおかげだと信じ、お供え物をするなどして、感謝《かんしゃ》の意をあらわしてきました。

岩手県には「馬ッコつなぎ」という行事が伝えられています。わらで作った馬の口に、お供《そな》え物として米の粉を練ったものをくわえさせ、水田の水の取り入れ口などに置いておくと、田の神がこの馬に乗って、作物のできぐあいを見て回ると信じられています。

石川県に伝わる「あえのこと」という行事では、家の座敷《ざしき》にごちそうを用意して、田の神に収穫《しゅうかく》を感謝《かんしゃ》し、また豊作《ほうさく》になるよう祈《いの》ります。

お供《そな》え物や、神からいただいたとみなす食べ物を人間が食べることによって、神と人間とのつながりが深まるという考え方もあります。

42ページで紹介《しょうかい》した中国の開秧門《カイヤンメン》という田植え行事でも、そうした信仰《しんこう》がみられます。田植えが終わると、参加した女性《じょせい》たちは神に祈《いの》りを捧《ささ》げます。それから、行事の責任者《せきにんしゃ》の家の祭壇《さいだん》に供《そな》えられていた料理を、みんなで分け合って食べるのです。

下―岩手県に伝わる「馬ッコつなぎ」。わらで全長20～30センチメートルの馬を作り、水田の水の取り入れ口などに置く。
「馬が積みきれないほどの穀物《こくもつ》がみのりますように」「水が足りなくなったり、多すぎたりしませんように」という願いがこめられている。（岩手県立博物館蔵）

右―あえのこと（石川県能登町《のとちょう》）。
毎年12月に田の神にごちそうをふるまう。招《まね》かれた田の神は、その家でゆっくり年を越《こ》すと信じられている。
翌年《よくとし》2月にはふたたびもてなしを行って、田の神を送り出す。
「あえ」とはもてなし、「こと」とは祭りを意味する。

下上—中国人社会では道教《どうきょう》という宗教《しゅうきょう》が広く信仰《しんこう》されている。
道教《どうきょう》のお祭りが行われる期間、
道教《どうきょう》の寺にあたる廟《びょう》では、神様に一日三食の食事を供《そな》える。
下中—廟《びょう》にまつられる祖先《そせん》の霊《れい》にささげる枡《ます》の中には、
米と小刀とものさしが入っている。
これらは、物事の判断《はんだん》が必要なときに使うものとして、
祖先《そせん》にささげられる。(いずれも台湾《たいわん》・嘉義《ジャーイー》市の先天宮《シェンティエンゴン》)
下—開秧門《カイヤンメン》の田植え(43ページを見よう)を終え、
参加した早乙女《さおとめ》(神に仕える女性《じょせい》)たちが、
神に供《そな》えられた料理を食べる。肉料理など、
ふだんあまり口にできない、ぜいたくなものもある。
(中国・雲南《ユンナン》省周城《ジョウチョン》)
下右—祖先《そせん》をまつる祭壇《さいだん》には、モチ、果物などが
ところせましと供《そな》えられる。(韓国)

上—強飯式《ごうはんしき》。山伏《やまぶし》が山もりのご飯を、
参加した人々にむりやり食べるよう迫《せま》る。
神からいただいたご飯を食べることで、
家がさかえ、わざわいをさけられるなどの
ご利益《りやく》があると信じられている。(栃木県日光《にっこう》市)
下—伊勢神宮《いせじんぐう》(三重県伊勢《いせ》市)で毎年10月に行われる
神嘗祭《かんなめさい》という神事では、その年の最初に
収穫《しゅうかく》した新米を神にささげる。

さまざまな行事

豊作《ほうさく》を祈《いの》ったり、作物のできぐあいを占《うらな》ったりする東アジア地域《ちいき》の行事や風習には、ほかにもさまざまなものがあります。

たとえば綱引《つなひ》きは、いまではスポーツとして楽しまれていますが、もともとはどちらの組が勝つかで、その年が豊作《ほうさく》かどうかを占《うらな》い、あらためて豊《ゆた》かなみのりを願う意味がこめられたものでした。

たこ揚《あ》げも各地でみられる遊びですが、そもそもはやはり占《うらな》いや、豊作《ほうさく》を祈《いの》るために行われていたと考えられています。

また、この地域《ちいき》に伝わる文化として注目したいのが、想像上《そうぞうじょう》の動物である龍《りゅう》への信仰《しんこう》です。龍《りゅう》は水の神としてあがめられ、雨を降《ふ》らせて作物にめぐみを与えてくれると信じられてきたのです。

鬼《おに》が出てくる行事も各地にあります。秋田県に伝わる「なまはげ」は、鬼《おに》が家々を回ってなまけ者をこらしめ、わざわいをはらい、豊作《ほうさく》などをもたらすと信じられています。こうした行事に登場する鬼《おに》は、どこかユーモラスでもあります。

左上―花祭り（愛知県豊根村《とよねむら》）。毎年冬に、神に舞《まい》をささげ、作物が豊《ゆた》かにみのるよう願う。ひと晩《ばん》じゅう舞《ま》い踊《おど》り、うっかり寝《ね》てしまうと、「あとの祭り」となってしまう。愛知、長野、静岡の各県がとなり合う山あいの地域《ちいき》で広く行われている。

右上―大凧《おおだこ》あげ（神奈川県相模《さがみ》原《はら》市）。14.5メートル四方、950キログラムの大凧《おおだこ》が舞《ま》う。豊作《ほうさく》などさまざまな願いがこめられる。

左―村はずれに立てられた「鹿島様《かしまさま》」（秋田県湯沢《ゆざわ》市）。高さ4メートルにもなる巨大なわら人形で、悪霊《あくりょう》や病気などのわざわいから村を守っていると信じられている。

上―ソラヨイ。毎年9月に、数え年7歳《さい》から14歳《さい》の男の子たちがイネのわらの笠《かさ》などを身につけ、「ソラヨイ、ソラヨイ」と歌いながら踊《おど》る。豊作《ほうさく》を祝う行事で、ソラヨイとは「それは良い」という意味だ。（鹿児島県南九州《みなみきゅうしゅう》市）

左―なまはげ（秋田県男鹿《おが》市）。大みそかの晩《ばん》に家々を回り、「なまけ者はいねが、泣く子はいねが」と練り歩く。なまはげという名前は、火にあたってばかりいると皮膚《ひふ》にできる「火斑《なもみ》」をはぎ取り、なまけ者をこらしめることに由来する。

上—龍《りゅう》の船の祭りは、東アジアから東南アジアの各地でみられる。
競争によってその年の豊凶《ほうきょう》を占《うらな》うのが本来の意味だが、
今日ではなかばスポーツ化している。中国の香港《ホンコン》で毎年6月に
行われるドラゴンボート祭りは、およそ2300年前に、
屈原《くつげん》という政治家《せいじか》が湖に身を投げたとき、かれをしたっていた
漁民たちが先を争って船を出し、助けようとしたことにちなむという。
下—龍神《りゅうじん》が仏《ほとけ》を導《みちび》いて山間の村々をめぐり、豊作《ほうさく》と平安をもたらすと
信じられている祭り。（台湾·高雄市）
左下—中国の少数民族·イ族の火把節と呼《よ》ばれる祭り。豊作《ほうさく》と、狩《か》りで
たくさんえものがとれるよう祈《いの》る。仮面《かめん》をかぶった祖先《そせん》の神は、
祭りを無事にとり行う役目をになう。（中国·雲南省 双柏）

上—朝鮮半島の綱引《つなひ》き。どちらが勝つかでその年の作物のできぐあいを占《うらな》う。（韓国）

おわりに——失われる伝統《でんとう》と新たなる問題

いま起こっていること

最近、テレビや新聞の報道《ほうどう》で「棚田《たなだ》」や「里山」の話題がしばしば取り上げられることがあります。取り上げる理由は、たいていこれらの伝統的《でんとうてき》ですぐれた景観《けいかん》の意義《いぎ》を考えなおし、なんとか保存維持《ほぞんいじ》できないかというものです。どちらも人々が長い年月をかけて生産活動をする中からつくり出された景観《けいかん》です。

棚田《たなだ》や里山が維持《いじ》できなくなった大きな原因《げんいん》は、農村人口の変化です。第二次世界大戦後、日本では工業化を柱にして経済復興《けいざいふっこう》をなしとげてきました。その労働力を供給《きょうきゅう》してきたのが農村でした。同じようなことは発展途《はってんと》上《じょう》のアジア諸国《しょこく》にも起こっています。棚田《たなだ》や里山が健在《けんざい》であることは、農村の元気さを計るバロメーターでもあるのです。

グローバル化と食糧自給問題

日本の農業就業《しゅうぎょう》人口は、1960年ころがピークで約1200万人でしたが、現在《げんざい》ではその4分の1の約300万人に減《へ》っています。全国いたるところに休耕田《きゅうこうでん》や荒《あ》れはてた耕作放棄地《こうさくほうきち》がみられます。

わが国では米以外の食糧《しょくりょう》は外国からの輸入《ゆにゅう》にたよっており、輸出《ゆしゅつ》する側の諸国《しょこく》は、大規模《だいきぼ》な機械化によって、広大な農地にただひとつの種類の農作物を、まるで工業製品《せいひん》を作るかのように生産しています。あるいは、企業《きぎょう》家《か》が安い人件費《じんけんひ》を武器にして、大きな利益《りえき》を上げようとする農場もあります。このようにして作られた農産物の流入を前にして、日本の農家は苦労をしいられています。

中国の古いことわざに「以《イ》食《シイ》 為《ウェイ》 天《ティエン》(食こそ生活の大本《おおもと》)」とあるように、昔から中国の人々は食糧《しょくりょう》自給を暮《く》らしの基《き》本《ほん》と考えていました。この考え方はとても健全です。経《けい》済《ざい》のグローバル化がいくら進んでも、食糧《しょくりょう》の自給なくして国家の自立はありえません。そのように考えて生産と備蓄《びちく》にはげむ国もあります。

しのびよる地球規模の環境《かんきょう》変化

近年、地球規模《きぼ》で異常《いじょう》気象が観測《かんそく》されています。日本でも観測史上《かんそくしじょう》まれな季節はずれの洪水《こうずい》や、40度をこえる猛暑《もうしょ》などが記録されています。大きな原因《げんいん》のいくつかとして、工業化にともなう温室効果《こうか》ガスやCO^2(二酸化炭《にさんかたん》素《そ》)の増加《ぞうか》をあげることができます。その影響《えいきょう》はイネの栽《さい》培《ばい》にもおよんでおり、みのりの悪くなる「高温不稔《ふねん》」という症状《しょうじょう》が出てきます。

伝統的《でんとうてき》な稲作《いなさく》ではその土壌《どじょう》に合った品種の選択《せんたく》、およびその土地の水利灌漑《すいりかんがい》などの施設《しせつ》の整備《せいび》によって、イネの栽培《さいばい》を発展《はってん》させてきました。

しかし、地球規模《きぼ》の環境《かんきょう》変化は、対処《たいしょ》がきわめて難《むずか》しく、イネをふくめたあらゆる作物栽培《さいばい》に課せられた新たなる問題でもあるのです。

指導者・保護者のみなさまへ—あとがきにかえて

●伝統的な技術の伝承

私は農家の出身ではありませんが、農業の歴史とくに農具の歴史に関心があります。その理由をよく人からたずねられることがあります。たぶんそれは家の職業とも多少関係があると思います。

私の先祖は幕末から明治初年ごろに、福島あたりから東京の下谷《したや》御徒町《おかちまち》(いまの上野駅の近く)に移って来た大工でした。三代目の棟梁が父で、そのころには京浜工業地帯のかたすみの大森で店を営んでおりました。10人ほどの職人さんをかかえており、子供のころから大学に通うころまで、私はよくこれらの職人さんにまじって家業の手伝いをしていました。

職人さんたちは自前でカンナ、ノミ、ノコギリなどの道具をそろえます。またそれらの道具を自分の身体に合ったように調整し、あるいは仕事の内容によっては新たに道具を作り出すこともあります。自ら創意工夫した技術はたがいに意見交換して、共有・伝承されていきます。

農作業も大工仕事と似たところがあります。江戸時代の農書を読むと、村の名主や篤農家《とくのうか》といわれる人々は、こまかな農事日誌をつけながら地域の農業の振興向上につながる情報を積極的に村人に提供していたことがわかります。このようにして伝統的な技術が伝承されてきたのです。

14世紀に山東《シャンドン》地方の王禎《ワンジェン》が記した『農書』における穀物倉の絵。この農書は中国における代表的な農書のひとつだ。華北地方の畑作農法と江南地方の水田農法の両方を紹介し、両地方の農法のすぐれた点を総合することで、農業の発展をはかろうというねらいがあった。また、当時の農具の詳細な図解も掲載されている。

●中国で考えたこと

中国でも1949年の建国直後から1966年の文化大革命開始直前にかけて、伝統的農業遺産である農書から学ぼうという政策がとられたことがあります。中国は古代ローマとならんで2000年以上も前にすでに農書が著されました。ことに中国では以後も途絶えることなく各種の農書が著されていきました。これらの農書には中国農民のすぐれた農業経験や実践記録が含まれています。

ところが10年間にわたって吹き荒れた文化大革命が原因となって、これらの農民の英知を記した農書は十分に活用されませんでした。しかも中国政府は文化大革命以後の改革開放経済政策への方向転換によって、都市の再開発、高速道路および通信網などのインフラ(社会資本)整備を急ぎ、工業化社会を目指しました。

中国・雲南《ユンナン》省で少数民族・ペー族が行う田植えの儀式「開秧門」。このような伝統儀式なども文化大革命以後にすたれ、現在では少数民族の間にのみ伝えられているケースが多々ある。

1987年、私は所属大学と交流関係にある上海《シャンハイ》の復旦《フーダン》大学に派遣されて、半年間あまり当地に滞在したことがあります。ちょうどよい機会でしたので、中国の主な農業研究機関を訪問し、各地の農業事情を1カ月間かけて視察してまわりました。その時に受けた中国の印象は、1960年代の日本の高度経済成長期とじつによく似ているということでした。この時期を境として、わが国の農村が大きく変わっていったのです。お隣の韓国でも1970年代から始まった国をあげての新しい村づくり運動、いわゆる「セマウル運動」によって同じような変化が起こりました。

農業は天候や土地が相手ですから、農作物は工場の機械によって一律に製品が造られるようなわけにはいきません。また農業から得られる収入は工場で働いて得られた賃金に及びません。そのため農民は都市の工場へ出稼ぎに行き、やがてその収入が農家を支える重要な柱となっていったのです。

1980年代の中国の農村はまさにそのような変動期にさしかかり、伝統的な農業技術や生産工具が果たしてきた役割にかげりが現れてきた時期でした。私はこの時期にこそ伝統的な農具などの記録を残しておくべきであると考えました。

中国・重慶《チョンジン》市で見た棚田のようす。およそ1800年前に遺された水田模型《すいでんもけい》(12ページ)と同様の景観が現在も広がる。急激な工業化などに伴い、こうした景観も徐々に失われつつある。

●調査余話

中国での農具調査は 10年あまりに及び、主として雲南《ユンナン》・四川《スーチョワン》・重慶《チョンジン》の地域で実施しました。雲南《ユンナン》省景洪《ジンホン》での調査中に忘れられない出来事がありました。それは当地方の科学委員会所属の一男性の来訪でした。

彼は長年にわたって当地方のイネの在来品種を調査した資料をたずさえておりました。資料に収められた各少数民族が栽培している水稲と陸稲《おかぼ》は合計約 700品種にのぼり、すべてがカラー写真撮影されておりました。彼が持ちかけてきたのは、その図録をなんとか日本で出版できないかとの相談でした。これは実現できませんでしたが、そのイネの品種の多さに驚かされました。これらは遺伝子資源としてきわめて貴重な中国の財産です。しかし当時、行政サイドでは農事試験場で作りだした多収穫交配品種の栽培普及をすすめていて、在来品種の保護に対して周到でなかったように思われました。現在これらの在来品種のイネはどのような運命をたどっているのかが気になります。

本書は私が撮影した写真を中心にして、編集者の渡邉航、眞島建吉両氏との共同作業をとおして完成いたしました。両氏に対し心より感謝いたします。また貴重な図版やアドバイスを提供してくださいました方々および関係機関に対し、あわせてお礼申し上げます。

1巻さくいん

［監修者］
クリスチャン・ダニエルス（Christian Daniels）
東京外国語大学アジア・アフリカ言語文化研究所教授

1953年、フィジー生まれ。オーストラリア人。東京大学大学院人文科学研究科博士課程修了。博士（文学）。専門は中国西南部と東南アジア大陸部北部の歴史。おもな著者・編書に、『雲南物質文化－生活技術巻』（雲南教育出版社、2000）、『四川の伝統文化と生活技術』（慶友社、2003）『貴州苗族林業契約文書匯編（一七三六～一九五〇年）』（全3巻、東京大学出版会、2005、『中国雲南耿馬傣文古籍編目』（雲南民族出版社、2005）『中国雲南少数民族生態関連碑文集』（総合地球環境学研究所、2008）『論集モンスーンアジアの生態史　第2巻　地域の生態史』（弘文堂、2008）など。

［著者］
渡部　武（わたべ・たけし）
前東海大学文学部教授

1943年、東京都生まれ。専門は中国文化史。
早稲田大学大学院文学研究科博士課程修了。同大学院での研究と並行して、民俗学者・宮本常一（1907～1981年）に師事した。わが国における中国の社会史・農業史研究の第一人者であり、出土文物と文献資料、そして広汎なフィールドワークをもとに、当時の暮らしぶりや農業技術の変遷を解明し続けている。おもな著書に『画像が語る中国の古代』（平凡社、1991）、『西南中国伝統生産工具図録――東京外国語大学アジア・アフリカ言語文化研究所 歴史・民俗叢書（アジア文化叢書）』（慶友社、2000）『雲南少数民族伝統生産工具図録――東京外国語大学アジア・アフリカ言語文化研究所 歴史・民俗叢書（アジア文化叢書）』（慶友社、1996）などがある。

企画・編集――眞島建吉（葫蘆舎）／渡邊　航（小峰書店）
ブックデザイン――佐藤篤司
協力――大村次郷
画――眞島直子
図版――有限会社ジェイ・マップ（白砂昭義）

［写真協力（敬称略、順不同）］渡部武／大村次郷／株式会社芳賀ライブラリー／渡部順子／長野県風景写真家協会　原　和明／群馬県教育委員会／株式会社広告堂／財団法人山形県埋蔵文化財センター／佐藤洋一郎／糸島市農業振興課／渡辺純子／熊本県文化企画課松橋収蔵庫／中国国家観光局／全国合鴨水稲会／長野県水産試験場佐久支場／佐賀県教育委員会／神宮司庁／墨田区立緑図書館／東京すしアカデミー／月桂冠株式会社／社団法人びわこビジターズビューロー／韓国観光公社／株式会社笹沼五郎商店／御菓子司丹波屋善康　店主　奥田栄作／野方金時煎餅／社団法人岐阜県観光連盟／合名会社はしだて／国営木曽三川公園／岩手県立博物館／能登町教育委員会／豊根村教育委員会／男鹿なび／相模原市観光協会／湯沢市役所まるごと売る課／香港政府観光局／日光山輪王寺／千葉県立中央博物館大利根分館／南種子町／千葉県立房総のむら／総合病院国保旭中央病院／杉原寛大／吉野ヶ里歴史公園／漢聲雜誌社／厚木市郷土資料館／南砺市／椿原町／安芸高田市／鹿児島県観光課／NPP新潟県写真家協会／一般財団法人日本気象協会／李京燁／郡司町子／株式会社両口屋是清／藤泰樹／眞島建吉／渡邊航
＊9ページの図版「現代の栽培イネ」は、角田公正・星川清親・石井龍一『作物』（実数出版、2002年）より転載しました。

［参考文献］渡部武『画像が語る中国の古代』（平凡社）／渡部武・陳文華編『中国の稲作起源』（六興出版）／渡部武『雲南少数民族伝統生産工具図―アジア文化叢書（東京外国語大学アジア・アフリカ言語文化研究所 歴史・民俗叢書）』（慶友社）／渡部武『西南中国伝統生産工具図録―東京外国語大学アジア・アフリカ言語文化研究所 歴史・民俗叢書（アジア文化叢書）』（慶友社）／羅二虎著・渡部武訳『中国漢代の画像と画像墓』（慶友社）／クリスチャン・ダニエルス、渡部武編『四川の考古と民俗（アジア文化叢書―東京外国語大学アジア・アフリカ言語文化研究所歴史・民俗叢書）』（慶友社）／クリスチャン・ダニエルス、渡部武編『雲南の生活と技術（アジア文化叢書）』（慶友社）／佐藤洋一郎監修・鞍田崇編『ユーラシア農耕史5　農耕の変遷と環境問題』（臨川書店）／佐藤洋一郎『図説中国文化百華4　イネが語る日本と中国　交流の大河五〇〇〇年』（農山漁村文化協会）／佐藤洋一郎『イネの文明　人類はいつ稲を手にしたか』（PHP新書）／柳田国男・安藤広太郎・盛永俊太郎他『稲の日本史』（筑摩叢書）／浙江省文物考古研究所編『河姆渡　新石器時代遺址考古発掘報告』（文物出版社）／篠田統『米の文化史』（社会思想社）／周達生『中国の食文化』（創元社）／田畑久夫・金丸良子『中国雲貴高原の少数民族　ミャオ族・トン族』（白帝社）／香月洋一郎『［改訂新版］景観のなかの暮らし―生産領域の民俗』（未来社）／田村善次郎・TEM研究所『棚田の謎　千枚田はどうしてできたのか』（農山漁村文化協会）／甚野尚志編『東大駒場連続講義　歴史をどう書くか』（講談社選書メチエ）／日比野光敏『すしの歴史を訪ねる』（岩波新書）／川島宙次『稲作と高床の国　アジアの民家』（相模書房）／太田保夫『自然の中の人間シリーズ　土と人間編2　イネという作物』（農山漁村文化協会）／宮崎清『図説藁の文化』（法政大学出版局）／姜仁姫著・玄順恵訳『韓国食生活史　原始から現代まで』（藤原書店）／全鎮植・鄭大聲編著『朝鮮料理全集6　餅・菓子・飲料』（柴田書店）／黄慧性・石毛直道『［新版］韓国の食』（平凡社）／佐々木高明編『日本文化の源流を求めて　日本農耕文化の研究』（日本放送出版協会）／宮崎清編『つくってあそぼう［16］わら加工の絵本』（農山漁村文化協会）／その他、学術論文など多数

アジアの自然と文化 1
米からみる東アジア
豊かな水が支えた暮らし［日本・中国南部・朝鮮半島など］

NDC290　51P　29×22cm
ISBN978-4-338-27301-5
2012年4月5日　第1刷発行

監修者――クリスチャン・ダニエルス
著者――渡部　武
発行者――小峰紀雄
発行所――株式会社 小峰書店　〒162-0066 東京都新宿区市谷台町4-15
電話――03-3357-3521　FAX　03-3357-1027
HP　http://www.komineshoten.co.jp/
印刷――株式会社 三秀舎　製本――小高製本工業株式会社

東アジアの行《ぎょう》政《せい》区分

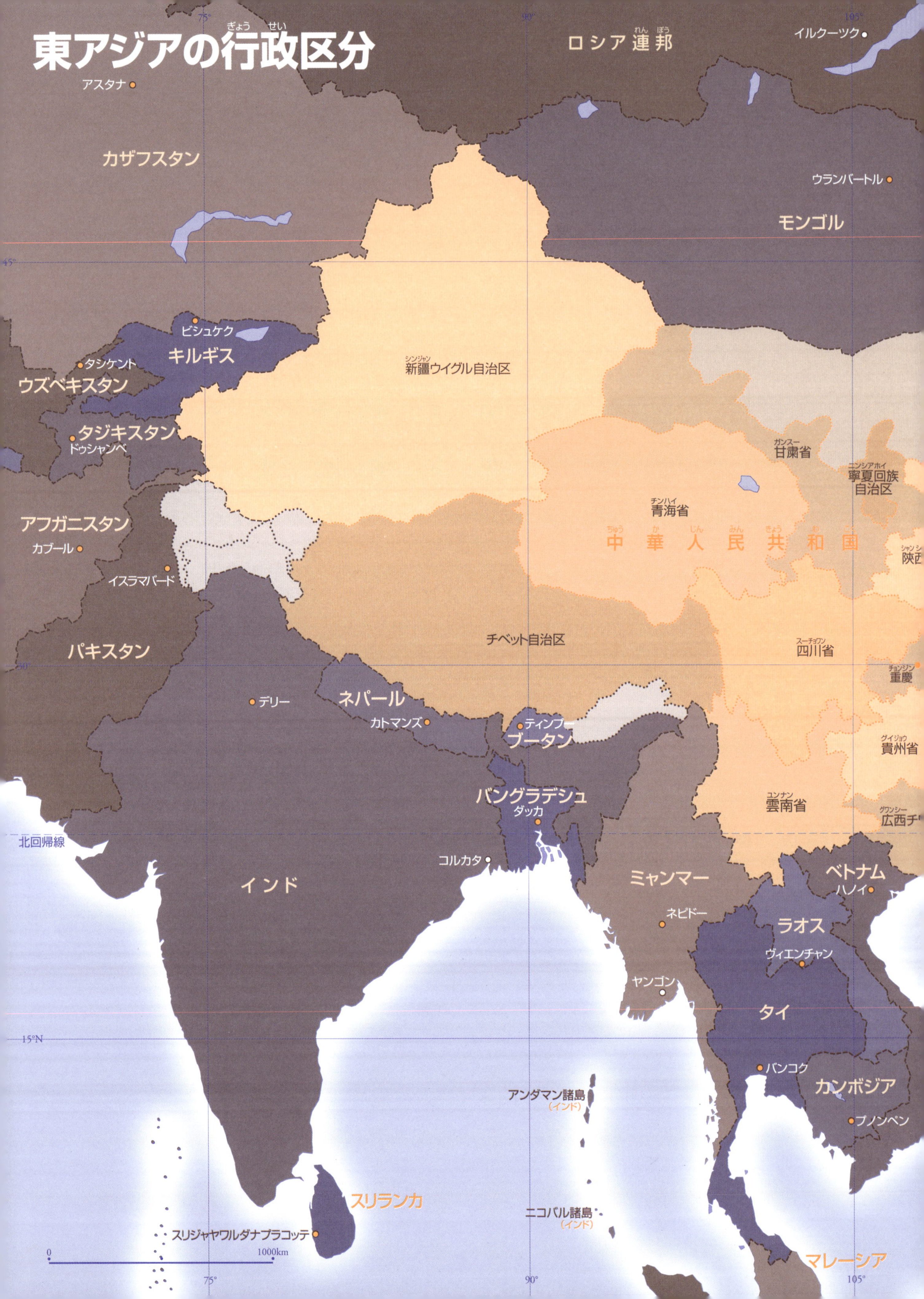